企业行政管理

◎主　编：林淑贞

外语教学与研究出版社
FOREIGN LANGUAGE TEACHING AND RESEARCH PRESS
北京 BEIJING

图书在版编目(CIP)数据

企业行政管理 / 林淑贞主编. — 北京 : 外语教学与研究出版社, 2015.3 (2017.1 重印)

ISBN 978-7-5135-5789-4

Ⅰ. ①企… Ⅱ. ①林… Ⅲ. ①企业管理-行政管理-教材 Ⅳ. ①F272.9

中国版本图书馆 CIP 数据核字 (2015) 第 065838 号

出 版 人 蔡剑峰
项目策划 吕志敏
责任编辑 王志艳 胡蔓妮
封面设计 孙莉明
版式设计 永诚天地
出版发行 外语教学与研究出版社
社 址 北京市西三环北路 19 号 (100089)
网 址 http://www.fltrp.com
印 刷 北京京华虎彩印刷有限公司
开 本 787×1092 1/16
印 张 13.5
版 次 2016 年 1 月第 1 版 2017 年 1 月第 2 次印刷
书 号 ISBN 978-7-5135-5789-4
定 价 32.00 元

职业教育出版分社:
地 址: 北京市西三环北路 19 号 外研社大厦 职业教育出版分社 (100089)
咨询电话: 010-88819475
传 真: 010-88819475
网 址: http://vep.fltrp.com
电子信箱: vep@fltrp.com
购书电话: 010-88819928/9929/9930 (邮购部)
购书传真: 010-88819428 (邮购部)

购书咨询: (010) 88819926 电子邮箱: club@fltrp.com
外研书店: https://waiyants.tmall.com
凡印刷、装订质量问题,请联系我社印制部
联系电话: (010) 61207896 电子邮箱: zhijian@fltrp.com

物料号: 257890001

"十二五"职业教育国家规划教材

职业院校"双证书"课题实验教材

专家委员会

《企业行政管理》教材编写组成员

主　编　林淑贞（杭州市人民职业学校）

副主编　魏生良（杭州市人民职业学校）
方　春（乐清市乐成寄宿中学）

参　编　林淑贞（杭州市人民职业学校）
魏生良（杭州市人民职业学校）
方　春（乐清市乐成寄宿中学）
孙晓晓（杭州市人民职业学校）

职业院校“双证书”课题实验教材

出版说明

实行“双证书”制度，是党中央、国务院适应社会主义市场经济要求，推动职业教育、职业培训改革的重要举措。早在 1993 年，中共中央在《关于建立社会主义市场经济体制若干问题的决定》中就提出“要制定各种职业的资格标准和录用标准，实行学历文凭和职业资格两种证书制度”。从那时起，“双证书”制度历经了制度确立、探索试点、积极推进三个发展阶段。2014 年，《国务院关于加快发展现代职业教育的决定》（国发〔2014〕19 号）指出：“服务经济社会发展和人的全面发展，推动专业设置与产业需求对接，课程内容与职业标准对接，教学过程与生产过程对接，毕业证书与职业资格证书对接，职业教育与终身学习对接。重点提高青年就业能力”“推进人才培养模式创新……积极推进学历证书和职业资格证书‘双证书’制度”。

近年来，国家有关部门为促进就业和提高劳动者素质，对职业院校实施“双证书”制度做出了许多政策安排，“双证书”制度在广大职业院校得到有效推行，学历证书、职业资格证书成为毕业生就业的“敲门砖”和“通行证”。但是，我们也发现，职业院校学历认证和职业资格认证还没有从根本上实现贯通，存在着各行其道、“两张皮”的普遍现象，缺乏联结两者的桥梁和纽带。其中，融合“双证书”的课程与教材建设滞后是关键原因。

为了解决这个长期困扰中国职业教育界的难题，人力资源和社会保障部职业技能鉴定中心部级课题《职业技能教学用书开发技术规范和评价体系研究》课题组（项目编号：RS2013-16，以下简称“课题组”）在“双证书”课程资源建设开发方面做了积极研究和有益尝试。课题组认为：“双证书”课程是指实现国家职业技能标准和专业教学标准对接，职业技能鉴定与专业课程学习考核对接的课程，它是使学生在不延长学习时间的情况下，同时获得学历证书和职业资格证书的学校正规课程。加强对“双证书”课程教材开发的研究，对于探索从课程层面做到“双证结合”，引导学校用好现有职业技能鉴定政策，推动学生职业技能和就业竞争力提升，具有十分重要的意义。开发职业技能鉴定与学校课程考试“两考合一”的“双证书”教材，可以形成“双证书”政策落地的基础性教学资源，能够解决推行“双证书”制度、实施“两考合一”的“最后一公里”问题。

为了在教材层面上做到专业教学标准与国家职业技能标准的内容对接，课题组通过研究，编制了《中等职业学校“双证书”课程教材开发技术规范》，主要技术要点如下：一是以专业教学标准为依据，细化“双证书”培养目标；二是以国家职业技能标准为依据，确定“双证书”课程；三是根据双证结合的理念，编制“双证书”课程实施规范；四是结合职场工作实际，开发“双证书”综合实训课程；五是积极改革教学模式，建设“双证书”课程标准；六是根据职教特色，组织编写“双证书”教材；七是做好试题开发组织工作和考务服务，为“两考合一”做好技术保障。这一技术规范为实现教学内容与职业技能标准“双覆盖”、教学过程与岗位要求“双对照”、课程考试与技能鉴定“双结合”的职业院校教材开发目标提供了一个技术指引。

外语教学与研究出版社作为课题参与单位，自 2014 年开始，陆续开发了中等职业学校机械制造技术、机械加工技术、机电技术应用、机电设备安装与维修、焊接技术应用、汽车制造与检修、汽车运用与维修、电子与信息技术、文秘等九个专业“双证书”课题实验教材。

“双证书”课题实验教材的开发采取专业负责人制，每个专业由一名资深专家对教材建设目标、内容选择与组织进行总体把关，然后指导各册主编分头编写，最后由本专业教学专家、职业技能鉴定专家、企业专家、课程开发专家组成的编审委员会共同审定，确保教材开发符合课题组编制的《中等职业学校“双证书”课程教材开发技术规范》，对接“四新”（新知识、新技能、新产品、新工艺），做到不遗漏知识点、技能点、态度点。

职业院校“双证书”课题实验教材的开发编写遵循了教育部颁布的《中等职业学校专业教学标准（试行）》规定的课程名称、“主要教学内容和要求”，并在教材中融入了相应的五级、四级国家职业技能标准的要求，有助于学生学习掌握职业技能鉴定所要求的相关知识和必备技能，并获取相应等级的职业资格证书。“双证书”实验教材为推动职业院校实施“双证书”制度提供了必要的教学资源支持。

“双证书”课题实验教材的开发，是一个新的探索，欢迎广大中等职业学校和职业高中积极试用，并提出宝贵意见，我们将进一步改进和完善。

职业教育是使“无业者有业，有业者乐业”的伟大事业。让我们携起手来，为建设现代职业教育体系和构建终身职业培训体系尽自己一份绵薄之力。

人力资源和社会保障部职业技能鉴定中心

《职业技能教学用书开发技术规范和评价体系研究》课题组

2015 年 6 月 23 日

前　言

为了帮助中职文秘专业学生掌握企业行政管理技巧，顺利融入职场，适应企业对管理型人才的需求，适应社会发展对人才培养的需要，编者特编写了这本《企业行政管理》教材。

目前，很多教材为追求学科知识系统化，重基础理论，轻能力实践，学习内容与文秘实际工作岗位需求之间存在较大的差距。我们按照全国中职文秘专业课改精神，落实“以核心技能培养为专业课程改革主旨，以核心课程开发为专业教材建设主体，以教学项目设计为专业教学改革重点”的改革要求，开发编写了本教材。本教材不仅可作为中职文秘类专业及相关专业的学生用书，帮助学生了解企业行政管理常见的实务工作、提升行政管理技能，也可作为秘书社会培训用书、从业人员自学用书，还可作为秘书职业技能鉴定培训用书。

一、编写理念

本教材基于“双证融通”的编写理念编写，很好地融合了教育部最新的《中等职业学校文秘专业教学标准（试行）》与秘书国家职业技能标准的要求。使用本教材，可以使学生在取得学历证书的同时，掌握秘书职业技能鉴定所需要的相关知识与必备技能，完成秘书职业资格证书考试的培训。从教学内容上讲，本教材将文秘专业教学内容与秘书国家职业技能标准要求相融合；从教学环节上讲，本教材将文秘专业理论教学与秘书职业技能鉴定的“应知”相融合，使秘书工作技能教学与秘书职业技能鉴定的“应会”相一致。

二、编写特色

本教材体现“以工作过程为导向”的教学新思路。教材采用项目任务式的结构进行编写设计，每个学习项目均以工作任务为引领，围绕秘书人员的相关行政管理技能的培养进行系统设计，让学生在“做中学”，在任务实施过程中习得秘书人员的企业行政管理工作技能。

三、教材内容

教材结合现代企业秘书工作岗位的实际，设置了 5 个模块、13 个项目、30 个任务，每个任务设置了任务情境、任务要求、任务实施、技能要点、相关知识、巩固训练、职业技能鉴定指导7个栏目，每个项目完成后设置项目评价，以有效地培养学生的沟通能力，提升其职业素养。

四、编写队伍

本教材由杭州市人民职业学校林淑贞老师担任主编，杭州市人民职业学校魏生良老师、乐清市乐成寄宿中学方春老师担任副主编。教材编写分工如下：模块一、模块二由林淑贞老师编写；模块三由魏生良老师编写；模块四项目一、二由方春老师编写，项目三由林淑贞老师编写；模块五由孙晓晓老师编写。

由于编写时间仓促，加之编者水平有限，书中难免有不足之处，恳请读者提出宝贵的意见和建议，以求不断改进和完善。

编　者

2014年10月15日

附：

学时建议表

模块	项目	学时	合计学时
模块一　行政事务管理	项目一　办公环境管理	4	14
	项目二　值班考勤管理	6	
	项目三　活动宣传管理	4	
模块二　物资财产管理	项目一　办公用品管理	6	10
	项目二　办公设备管理	4	
模块三　后勤事务管理	项目一　员工食堂监管	4	14
	项目二　员工宿舍监管	4	
	项目三　日常用车监管	6	
模块四　人力资源管理	项目一　员工入职管理	4	16
	项目二　员工迁调奖惩管理	6	
	项目三　员工社保离职管理	6	
模块五　安全健康管理	项目一　安全事故管理	4	10
	项目二　职业健康管理	6	
机动			8
合计			72

目　录

模块一 Module 1 行政事务管理

模块概述

行政事务管理是指企业内部的日常管理事务与各项服务。管理好行政事务对企业的运行及其内外部形象的塑造有着重要的作用。行政事务一般都比较琐碎，作为秘书，在解决这些琐碎的行政事务时应有一个明确的目标。

通过本模块的学习，你将习得办公环境管理、值班考勤管理和活动宣传管理等日常事务管理工作的技能。

项目一 办公环境管理

项目概述

一个和谐、美观、整洁、舒适和安静的办公环境，不仅有助于办公室工作的高效完成，而且有利于办公室人员的健康与安全。因此，科学营造和保持良好的办公环境，是秘书的一项重要职责。

本项目通过办公室环境的布置、办公室安全隐患的排除两个任务，引导你学会布置办公室环境，排除办公室安全隐患，习得办公室环境布置和办公室安全隐患检查的工作技能。

学习目标

1. 了解办公室环境的构成要素；
2. 能整体安排布置办公室；
3. 能布置办公室内的环境；
4. 能检查办公室安全隐患；
5. 掌握整体布置办公室应考虑的因素和办公室环境布置的要点。

任务一 布置办公室环境

Task 1

任务情境

瑞祥公司是一家中外合资企业，主要生产汽车和摩托车配件，公司资产雄厚，员工近3000人，高科技人才云集。近几年来，该公司的国内业务发展势头良好，国外市场也不断拓展，公司总经理林立决定在杭州市投资创办一家分公司，分公司将设立一些相关部门。总经理林立把布置办公室环境的任务交给了秘书张敏，并要求张敏提出一些可行性的建议。

任务要求

1. 讨论：办公室环境的构成要素包括哪些？
2. 讨论：整体布置办公室环境应考虑的因素包括哪些？
3. 讨论：布置办公室内的环境应考虑的因素包括哪些？

任务实施

根据任务情境，完成下列任务。

1. 请列出办公室环境的构成要素。

软环境	
硬环境	

2. 讨论：瑞祥公司在杭州设立分公司，可考虑设立哪些部门和办公室？

（1）部门：

（2）办公室：

3. 讨论：办公室布置的整体安排要考虑的因素有哪些？

4. 梳理出办公室环境布置需考虑的要点。

序号	办公室内环境要素	考虑要点
1	空间	
2	桌椅	
3	空气	
4	声音	
5	光线	
6	色彩	
7	设备用品	
8	安全	

5. 办公室环境布置需遵循哪几个原则?

6. 根据以上办公室环境布置的相关讨论，代张敏向总经理拟写一份布置办公室环境的综合建议书。

技能要点

一、办公室环境布置的要点

办公室环境布置的要点是：营造一个舒适安静、便于沟通协调的工作环境；保证良好的采光、照明等条件；合理安排座位，力求整齐统一。

二、办公室环境布置应考虑的因素

办公室环境布置主要应考虑的因素是空间、桌椅、空气、声音、光线、色彩、设备用品、安全等。

三、办公室环境布置需遵循的原则

办公室环境布置需遵循的原则是方便、舒适、整洁、和谐、统一和安全。

相关知识

一、办公室环境的构成要素

办公室环境一般可分为软环境和硬环境。软环境包括办公室的工作气氛、工作人员的个人素养及相互间的关系、团队凝聚力等人为因素。硬环境包括办公室所在地、建筑

设计，室内空气、光线、色彩，办公设备及办公室的布置等客观条件。综上所述，办公室中影响工作人员的心理、态度、行为以及工作效率的各种因素的总和称为办公室环境。

二、办公室布置的整体安排

一个组织机构不管是购买、租用，还是自建办公场所，在对新的办公场所进行整体安排时，主要需要考虑以下因素：

（1）办公场所的总面积、组织的规模和员工的人数。

（2）组织机构的设置。组织机构的设置决定了办公区域的划分、办公流程和部门的设置等。各企事业单位的部门一般分为采购部、生产部、市场部、人事部、财务部、经理室、办公室、接待室等。

（3）办公室布置的类型。办公室布置的类型一般可分为开放式布局和封闭式布局两种，开放式布局又分为全开放式和半开放式。

（4）组织经营的性质、内容和业务部门的职能特点。与外界接触频繁的部门应安排在离大门或接待室较近的地方，如采购部、销售部、公关部等。

（5）工作流程设计。业务关联较紧密的部门的位置应尽量临近，以避免因距离太远而使得员工在工作中来回奔波。因此，布置办公室时，要考虑组织部门之间的联系，科学有效地设计工作流程。

三、办公室内的环境布置

办公室内的环境布置要以办公室所处的自然环境为主，加以合理的设计、控制和组织，使办公室环境达到最优状态。办公室内的环境布置主要针对办公室的空间、桌椅、空气、声音、光线、色彩、设备用品、安全等。

（1）办公室的空间。空间环境是指办公室内办公人员的数量要控制在一定额度之内，以人均办公面积不低于6平方米为宜。

（2）办公室的桌椅。办公桌椅的排列应采用直线式、对称式，这样可利用的工作空间较大，有利于开展工作，工作效率也会提高。办公桌椅的颜色、样式和规格要与办公室内的装饰协调。款式应选用转角平台，左上方放置电脑，右下方设置抽屉组合，人坐在中间，以满足使用电脑、读写文件等多种要求。有条件的可采用有升降功能的办公椅，以适应不同工作人员的身高，方便工作。上司的办公桌椅则应相对豪华精致些。

（3）办公室的空气。空气环境是指影响人类生存和发展的各种天然的和经过人工改造的空气因素的总体。温度与湿度是构成办公室空气环境的比较重要的因素。室内的温度要适宜，一般保持在 22℃ ~ 26℃；最适宜的湿度为 40% ~ 60%，一般可选择 50%。适宜的温度湿度能使人保持充沛的精力，并能充分发挥才智。

（4）办公室的声音。声音环境是指在工业生产、建筑施工、交通运输和社会生活中所产生的音响环境，通常是由多个不同位置的声源产生的。办公室应安装吸音、静音装置，减少噪音。办公室的理想声强值为 20 ~ 30 分贝，在这个声音强度范围内工作，人们会感到轻松愉快，不易疲劳。

（5）办公室的光线。光线环境是指表示光的传播方向的直线所涉及的范围，包括自然光与人造光。办公室的光线应充足，以自然光为主，人造光为辅，光线不能过强或过弱。办公室的光线应自然均匀、柔和明亮。一般来说，在写字时光线应来自左边，打字时光线最好来自后方。总之，以前面不出现任何阴影妨碍视线为宜。会议室的光线环境应利于与会人员集中注意力和保持讨论态度，通道内则宜采用暗光。

（6）办公室的色彩。办公室应选择适当的色彩，利用色彩的效果，在一定程度上对环境因素起调节作用。办公室内的基本色彩一般在 4 种以下，并且饱和度要低，减少对眼睛的刺激，给人以平静感。办公室一般使用本色或白色的垂直窗帘，如果要打开，应完全打开，营造宽敞透亮的环境；如果要关闭，应统一角度，不然会显得凌乱。另外，室内可摆放一些绿色植物，这样不仅能使人赏心悦目，而且能起到点缀色彩、调节气氛的作用。

（7）办公室的设备用品。电脑、打印机、传真机、扫描仪、投影仪等办公设备宜集中放在一个区域，便于电源接线和维护管理。碳粉有毒，所以复印机宜放在通风良好的窗边，且尽量远离办公桌。

（8）办公室的安全。办公室的安全环境应是对人体不存有潜在危害乃至生命危险的环境。办公室门窗要有防盗设施，建筑要牢固安全，电源布置要合理，灭火器材配备要充足，办公设备的安置要有利于避免或减少对工作的干扰。

巩固训练

1. 上海风华服装有限公司是一家新成立的服装公司，你是该公司的一名秘书。下个星期一公司将对办公室环境进行布置，总经理要求你对公司的办公室环境布置提一些建议。请你梳理出办公室环境布置的要点，并说明这样布置的理由。

2. 对你所在学校某一个办公室的环境进行调查，把调查结果填入下表。

办公室环境		好的方面	不足的方面	改进建议
硬环境	空间环境			
	办公桌椅			
	空气环境			
	声音环境			
	光线环境			
	色彩环境			
	设备用品			
	安全环境			
软环境	工作氛围、人员素质及人际关系等			

职业技能鉴定指导

一、知识技能复习要点

1. 掌握办公室布置应考虑的因素；
2. 掌握办公室布置的要点；
3. 理解办公室布置的原则。

二、模拟训练

（一）单项选择题

1. 下列哪个部门因与外界接触频繁而应安排在离大门近的地方（　）

A．人力资源管理部　B．财务部　C．销售部　D．档案部

2. 办公室内办公人员的数量应控制在一定额度之内，人均办公面积最好不低于（　）

A．4平方米　B．5平方米　C．6平方米　D．7平方米

3. 办公室最适宜的湿度是（　）

A．10%～20%　B．20%～30%　C．30%～40%　D．40%～60%

4. 办公室的理想声强值是（　）

A．0～10分贝　B．10～20分贝　C．20～30分贝　D．30～40分贝

（二）多项选择题

1. 办公室布置的整体安排应考虑的本组织机构的因素是（　　）

A．组织的规模　B．员工的人数

C．组织经营的性质和内容　D．业务部门的职能特点

2. 下列属于办公室软环境的是（　　）

A．办公室工作气氛　B．工作人员个人素养

C．室内空气　D．团队凝聚力

3. 下列属于办公室安全环境范围的是（　　）

A．建筑要牢固安全　　B．门窗有防盗设施

C．电源布置要合理　　D．配备足够的灭火器材

4. 下列关于办公桌椅排列方式的说法正确的是（　　）

A．直线式　　B．曲线式

C．对称式　　D．弧线式

5. 办公室内的温度要适宜，可保持的温度有（　　）

A．21℃　　B．22℃

C．23℃　　D．24℃

（三）判断题

1. 财务部门需要经常与外界接触，可安排在离接待区较近的地方。（　）

2. 布置办公室时，通常将有许多外宾来访的部门置于入口处。（　）

3. 办公室应安装吸音、静音装置，减少噪音。（　）

4. 办公设备的布置与安装要有利于减少和避免对工作的干扰。（　）

5. 办公室一般使用本色或灰色的垂直窗帘。（　）

（四）技能实训题

背景说明：你是天远公司的秘书林琳，下面是行政经理张明需要你完成的任务。

便　条

林琳：

为给员工创造一个舒适安静的办公环境，公司决定对原先色彩灰暗压抑的办公室进行重新布置。请你选择合适的色彩对员工办公室予以整改布置，并说明理由。

行政经理　张明

2014 年 9 月 23 日

任务二 排除办公室安全隐患

Task 2

任务情境

2014 年 8 月 18 日，瑞祥公司行政经理王明带领张敏对分公司各部门的安全进行了大检查。他们发现了如下问题，并立即采取了相应的补救措施，进行了处理。

1. 公关部电话、电脑电线交叉拖曳，王明请后勤管理员整理并埋在地毯下。

2. 研发部 3 号档案柜未关，负责研发的人员外出开会。张敏帮其关上，周一部务会上王明强调此事。

3. 通道地板太滑，张敏通知卫生员拖扫地板。

4. 楼梯安全出口被阻塞，张敏清理阻塞物。

5. 接待室门口的灭火器过期，王明要求更换。

6. 会议室的电脑无法开机使用，张敏反馈给办公室要求处理。

7. 公关部小王碎纸时机器出现故障，她低头检查机器，长发差点儿卷进机器。王明指出了小王仪表的不当之处并要求办公室派人解决碎纸机的故障问题。

8. 新来的秘书小单打印文件时，机器出现卡纸现象，小单用手拉扯被卡住的纸。张敏制止了小单的做法，打开打印机后盖，帮其取出了被卡住的纸。

9. 市场部靠窗的一排座位光线刺眼，无法正常看电脑屏幕。张敏发现窗帘坏了，把情况反馈给办公室，要求重新安装窗帘。

任务要求

1. 判别安全隐患的种类，区分安全隐患和设备故障。

2. 填写《安全隐患记录及处理表》和《设备故障记录及处理表》。

任务实施

根据任务情境，完成下列任务。

1. 区分案例中的安全隐患和设备故障。

（1）安全隐患：

（2）设备故障：

2. 将任务中的安全隐患填入《安全隐患记录及处理表》。

安全隐患记录及处理表

序号	时间	地点	隐患表现	隐患成因	隐患危害及后果	发现人	处理人	处理措施

3. 将任务中的设备故障填入《设备故障记录及处理表》。

设备故障记录及处理表

序号	时间	地点	设备名称	使用部门及人员	故障表现	故障原因	处理人	处理措施

技能要点

一、排除办公室安全隐患的措施

（1）办公室布置要考虑安全问题；

（2）养成安全的工作习惯。

二、办公环境安全检查流程

（1）确定检查周期；

（2）发现隐患后及时报告并处理；

（3）记录隐患处理过程及结果。

相关知识

对一个秘书来说，要认识到安全工作是办公室工作的第一要务。秘书必须具备很强的安全意识，能识别并消除安全隐患，维护和管理好办公环境。

一、健康和安全的办公环境的基本要求

（1）建筑物坚固安全，环境整洁。建筑物必须坚固安全，地面、墙面、天花板完好洁净，门窗开关灵活、能上锁，室内有基本装修。

（2）光线适宜。光线充足，局部照明要达到要求；阳光直射的窗户应该安装挡板或窗帘，避免引起计算机屏幕的反光而导致刺眼不适。

（3）保证气候环境。设置供暖供冷设备及温湿度调节设备，必要时增加隔热层。

（4）空气流通，设立禁烟区。布局要注意通风，保证工作场所空气流通和空气的质量；禁止在办公室吸烟，需要时可以在工作区外设立吸烟区。

（5）空间适当，留有通道。办公室空间及座位空间要适当，座位间要留有通道，要以事就人。

（6）噪音小，隔音好。办公室噪音要小，可利用屏风、地毯、设备隔音罩等来减少噪音。

（7）设备操作符合要求。办公设备的安装、操作要符合要求，操作指南和注意事项展示要清晰。

（8）办公设备和用品安全。办公家具、办公设备、办公用品和易耗品要满足工作所需并符合健康、安全要求。

（9）设置消防与急救设施。办公区或办公室要设置相应的消防设施及必要的急救装置，急救包要定期更换。

（10）饮水健康安全。办公室提供的饮水符合健康、安全要求。

（11）规章制度全面。办公室应建立相应的规章制度，包括人员进出规定、保密规定等。

（12）装饰物符合要求。室内有符合企业文化的装饰、标志和适当的绿色植物。

二、办公环境中潜在的健康和安全隐患类型

（1）办公室建筑隐患：主要指办公室地面、天花板、门窗等方面存在的安全隐患。

（2）办公室环境隐患：指室内空气不流通，温湿度过高或过低，光线不足或刺眼，装修材料气味重等。

（3）办公室家具隐患：指家具或设备有突出的棱角，柜顶堆放过大或过重物品导致潜在危险等。

（4）办公室设备（办公安全）隐患：指电线磨损裸露，插座接口不稳，各种电线拖曳，设备未接地线，带电体绝缘不彻底，电路负荷过重，电脑显示器反光，复印机放置空间狭

小，电器使用时散热不畅等。

（5）办公设备操作隐患：指清理复印机、碎纸机等设备故障时不切断电源，女士的长发卷进设备，在不会操作和没有指导的情况下使用设备。

（6）人为隐患：指站在带轮的椅子上举放物品，复印后将保密原件遗忘在复印机上等。

（7）消防隐患：指灭火设备过期或损坏，消火栓前、消防通道内摆放物品，应急照明灯出现故障，疏散标志不明显，安全出口被阻塞，防火门被锁住、打不开或者平时一直敞开着等。

三、排除办公室安全隐患的措施

1. 办公室布置要考虑安全因素

（1）提供光线良好、干燥的工作地面，毁坏的地面应及时修复。

（2）楼梯设计要有合理的梯度。

（3）办公桌和柜子避免面对室内通道。

（4）电线长度适当或用带子捆扎放在桌子间的夹缝内。

（5）设备必须经过定期彻底检修后才能继续使用。

（6）提供合适的入口门，人通过时入口门的开合时间不能太短。入口门应在离地面约 90 厘米的地方装有把手。

（7）通道应足够宽，轮椅能进行 360 度转弯。

2. 养成安全的工作习惯

（1）适当调节空调、照明和色彩。每天上班第一件事便是根据气候条件、光线明暗，适当调节空调、照明，确保办公区域的温度、湿度、亮度及通风等适当。室内最好放置绿色植物，防止空气和视觉污染。

（2）保证楼道安全。要确保走廊、楼梯等是安全的，没有易燃或其他物品堆放；告知员工不得在走廊上奔跑或冲下楼梯等。

（3）用专用工具取物。高处取物时应使用折叠式工作梯，使用手推车来移动笨重的机器设备或其他物品。

（4）保养和维护好机器，正确放置和使用机器设备。对机器进行定期保养和维护，复印机和打印机旁设置废纸篓，将办公家具和设备摆放在安全的位置，将机器稳固地放在桌上或工作台上，从插座到机器的电线避免过长，认真阅读并遵守机器操作说明，危险的机器（如裁纸机）配备保险装置。

（5）正确使用电脑。双眼与显示屏的距离应在 60 厘米以上，最好平视电脑；使用键盘、鼠标时要尽量配备手腕垫，减少手腕的疲劳；使用电脑 2 个小时要休息 10 ~15 分钟。保持最佳的办公姿势，不良的坐姿很容易引起身体的不适，坐着时膝部要比臀部略高，背部下半部分平靠在稳固的靠椅上。

（6）制订突发事故应对措施，确保每位员工都清楚事故发生时应当怎么做。

（7）其他安全习惯。如着装规范，不乱扔烟头等。

四、办公环境安全的检查流程

1. 确定检查周期

办公环境安全检查分为随机检查、定期检查和节假日检查三种。随机检查即不定期检查；定期检查一般是根据企业实际情况，在每月或每季进行的周期检查；节假日检查指在春节、劳动节和国庆节等重大节假日前实施的检查。

2. 发现隐患后及时报告并处理

检查中发现办公环境及设备存在安全隐患时，要及时予以处理。属于职责范围内的要立即采取措施处理；不属于职责范围内的或个人无法处理的，要及时报告有关部门；危害较大的隐患要及时报告领导，寻求解决方案。

3. 记录隐患处理过程及结果

安全隐患的处理过程及结果要做记录，作为档案备查。如果是办公环境和办公设备出现安全隐患，要填写《安全隐患记录及处理表》；如果是设备运行过程中出现故障，则要填写《设备故障记录及处理表》。

巩固训练

1. 上午，裕丰电器公司办公室主任要求秘书陈彬和李兴把一些过期的、无需保存的文件资料做销毁处理。他们同时想到了用碎纸机销毁这些文件的方法。陈彬打开碎纸机，把文件放入碎纸机进纸口，约 4 分钟过去了，听到的只有机器转动的声音，而文件却没有被卷进去。陈彬觉得奇怪，把文件拿出来后，低头想看看到底哪里出现问题了。这一低头，她脖子上绕着的长纱巾的一端“溜”进了碎纸机中。站在一边的李兴见此情形，喊道：“不好！”随即迅速切断了电源。尽管如此，陈彬的脖子还是被勒出了一道深深的印痕，呼吸也有些急促，她随后被送进了医院。下班前，李兴被叫到经理办公室，受到了经理的严厉批评。两天后，刚刚恢复的陈彬也被经理狠狠地批评了。结合安全隐患相关知识分析该案例，如果你是陈彬或李兴，如何避免这样的事情发生？

2. 秘书曼莎小姐打了一天的字后，觉得眼睛非常疲劳，而且后背非常酸痛。你知道为什么吗？结合健康的工作习惯知识谈谈你的看法。

职业技能鉴定指导

一、知识技能复习要点

1. 能够检查办公室环境安全问题；
2. 理解安全检查的内容与要求；
3. 掌握《安全隐患记录及处理表》的填写要求；

4. 掌握《设备故障记录及处理表》的填写要求。

二、模拟训练

（一）单项选择题

1. 秘书如遇到客人在办公区吸烟，下面做法妥当的是（　）

A. 劝说客人到办公楼外吸烟

B. 将客人引领到工作区外设立的吸烟区吸烟

C. 批评客人的行为，提醒他注意公共道德

D. 为客人准备烟灰缸

2. 办公座位通道的预留应（　）

A. 以人就事　B. 以桌就位　C. 以物就人　D. 以事就人

3. 下列属于办公室安全隐患的是（　）

A. 阳光能直射到桌面　B. 工作间温度为20°

C. 室内设有中央空调　D. 电线老化、磨损裸露，电源与插座接触不良

4. 如果是设备运行过程中出现故障，要填写（　）

A. 《安全隐患记录表》　B. 《设备故障记录及处理表》

C. 《安全隐患处理表》　D. 《设备故障记录表》

（二）多项选择题

1. 下列属于办公环境安全隐患的是（　　）

A. 室内光线不足　B. 装修材料不够环保

C. 温度过高　D. 空气不流通

2. 下列属于办公室建筑隐患的是（　　）

A. 地面缺少防滑措施　B. 天花板出现裂缝

C. 办公家具棱角突出　D. 柜顶堆放大件物品

3. 要保证办公室气候环境，应做到的有（　　）

A. 必要时增加隔热层　B. 有湿度调节设备

C. 光线适宜　D. 尽量减少噪音

4. 办公环境的安全检查分为（　　）

A. 定期检查　B. 节假日检查　C. 随机检查　D. 抽样检查

5. 下列属于正确使用电脑的行为有（　　）

A. 双眼与显示屏的距离应在60厘米以上

B. 最好平视电脑

C. 使用鼠标时要尽量配备手腕垫以减少手腕的疲劳

D. 使用电脑2个小时要休息5～10分钟

（三）判断题

1. 办公室内的温度要根据天气设置供暖供冷设备。（　）

2. 办公室噪音要小，可利用屏风、地毯和设备隔音罩减小噪音。（　）

3. 办公区或办公室应设置急救包，并不定期更换。（　）

4. 办公室内的办公桌和柜子要面对室内通道。(　)

5. 高处取物时应使用折叠式工作梯。(　)

（四）技能实训题

背景说明：你是瑞阳建筑有限公司的秘书林敏，下面是行政经理王峰需要你完成的几项工作任务。

便　条

林敏：

张叶是我们公司的见习秘书，对如何营造健康、安全的办公环境缺乏认识，请你帮她理出健康、安全的办公环境的基本要求。

行政经理　王峰

2014 年 9 月 13 日

项目评价

项目实施评价表

评价任务	评价关键点	配分	自评分	互评分	教师评分
布置办公室环境	能区分办公室软环境与硬环境的构成因素	10			
	能合理安排办公室整体布置	20			
	能根据多种因素布置办公室环境	20			
排除办公室安全隐患	熟悉健康安全的办公环境的基本要求	10			
	熟悉办公环境中潜在的健康安全隐患	10			
	能区别办公室安全隐患和设备故障	10			
	能正确填写《安全隐患记录及处理表》	10			
	能正确填写《设备故障记录及处理表》	10			
总　分		100			

项目二 值班考勤管理

项目概述

值班是指企业为确保内部安全，安排相关人员进行的安全保卫工作。值班人员在值班期间必须做好安全管理工作，同时做好来访人员、电话等事项的记录工作。考勤是员工管理工作中必不可少的一部分。通过考勤管理，行政经理可以掌握企业员工基本的工作情况。

本项目以情境案例为线索，围绕值班工作安排、值班记录及考勤统计三个任务，引导你学会并做好值班工作安排、值班记录及考勤统计，习得值班考勤管理的工作技能。

学习目标

1. 能安排值班工作；
2. 能做好值班记录；
3. 能制作各种记录表；
4. 能做好考勤统计。

任务一 安排值班工作 Task 1

任务情境

根据国务院办公厅发布的节假日安排通知，瑞祥公司决定“十一”国庆节期间放假七天，调休三天，放假时间为10月1－7日。节日期间各门店和批发部的销售肯定会比平日繁忙，为此总经理林立特意交代，公司总部可以放假，但要安排好值班工作，相关领导要做好领班工作。秘书张敏根据领导指示，在放假期间安排了公司销售部、人事部、财务部、公关部、行政部、后勤部和设计部七大部门的经理领班，又分别在这七大部门中各抽调了一位员工作为随班人员。公司值班室的电话号码为0571-××××××××，值班地点为一楼101室。请你替张敏制作一份国庆节期间的《值班安排表》(含值班内容和注意事项)。

任务要求

1. 概括值班工作内容和要求。
2. 制作一份国庆节《值班安排表》。

任务实施

根据任务情境，完成下列任务。

1. 根据任务情境，在下表中填出值班安排需考虑的要素。

基本要素	具体内容
值班时间	
值班地点	
领班领导	
随班人员	
值班电话	

2. 讨论：在值班期间值班人员一般要做哪些事情？请罗列出来。

值班工作内容：

3．讨论：在值班期间值班人员一般要注意哪些事项？

值班注意事项：

4．结合以上要点，协助张敏制作一份国庆节期间的《值班安排表》。

技能要点

安排值班工作要考虑的要素一般包括值班时间及地点、领班人、随班人、值班电话、值班任务和注意事项等。

相关知识

一、值班工作的职责

1．承办上级主管部门交办的事项

该项工作主要包括传达有关主管部门对某一问题的指示意见、督促检查上级主管部门交代的任务的落实情况、传达临时性的会议通知、通知有关部门接送客人等。

2．负责信息传递

值班室每天都要接听大量的电话，接收大量的电报和信函。内容涉及上级主管部门的指导、对某项工作的布置、对某一问题的询问及会议通知，平行部门的协商事项，下属公司的请示、报告，下级部门对某项指示或文件的询问等。值班人员在接到这些信息后，要立即做好记录，根据内容的紧急程度，送有关主管部门审阅，对有关主管部门或领导交办的事项，值班人员要立即通知有关部门或人员办理。

3．处理各种紧急事件

值班室在公司员工下班后，要担负起处理各种紧急电话、紧急文件和突发事件的责任。值班人员在处理这类紧急事件时，要及时向有关领导汇报或请示，以便迅速处理；如来不及请示，要根据实际情况做好应急处理。

二、值班工作的要求

值班工作任务比较重，涉及内容比较多，接触面广，故对值班人员的素质要求比较高。所以，行政部门平时应加强对员工的培训，令其在值班时注意如下几点：

1. 遵循规章，保守机密

值班时，任何事情都可能发生，特别是与领导相关的工作。领导不在，值班人员在处理事情过程中，必须严格遵循各项规章制度和程序。如处理突发事件时，必须迅速反应，不仅要及时请示、报告，又要当机立断，不贻误时机；接待外来人员既要态度热情、诚恳，又要坚持原则，严格按公司规章制度的指示区别情况，做到内外有别，不随意安排外人与公司领导会见。值班人员在传达公司领导的指示、决定、通知，接待外来人员，处理突发事件，以及与人交谈过程中，要严守公司机密；处理涉及机密内容的事项时，要严格按规定办理；涉及机密内容的文件、指示和值班记录等，不能随处乱放，严防泄密的现象发生。

2. 严守岗位，加强请示

值班人员应忠于职守，工作时间要坚守岗位，不能擅离职守、私自外出，不能邀请外人进入值班室闲坐、嬉闹。因事必须外出时，需经行政主管同意并有顶班人员替班。值班工作内容涉及广泛，许多问题事关大局，不能盲目随意处理，要及时请示，严格遵循工作程序办理。行政主管应负责对值班工作进行检查、监督，以免造成失误。

3. 工作踏实，及时办事

值班过程中承办的工作事项，一般时间性都很强，需随交随办，不能拖拉延误。值班人员应有强烈的工作责任心，对承办的各项工作认真负责，一丝不苟地加以处理。无论是来函、来电，还是上级主管部门交办的事项，都要清楚明白，办理时做到及时、准确、有效。

4. 提高水平，做好记录

值班的工作时间和内容具有特殊性，工作人员平时应自觉学习办文、办事的工作制度、程序、办法和技巧，不断提高业务工作水平和实际办事能力。值班人员办理的一切事项，都要详细规范地记录在专用的值班记录本上。本班次内没办完的事项，除在记录中写清楚外，还要向下一班次的值班人员做出明确的交代。

三、值班工作的安排

值班工作一般是在企业行政主管的领导下，由秘书具体安排，工作内容包括制定《值班安排表》，做好下班以后或节假日值班人员的安排。值班表一般包括值班时间、值班地点、领班人、随班人、值班电话、值班任务和注意事项等。做好值班安排计划后，要通知有关部门及人员，并将《值班安排表》发给每位领班人及值班人员，让其做好准备。《值班安排表》常见样式见表 1-1、表 1-2。

表1–1 月值班安排表

周次	日期	值班人员		值班电话
		领班人	随班人	

注：白班时间为8：00—19：00，晚班时间为19：00—次日8：00。值班人员必须认真负责，做好公司的安全保卫工作，接听重要电话后必须进行登记并及时报告相关领导。

表1–2 节假日值班安排表

时间	值班人			领班人	
	姓名	所在部门	电话	姓名	电话
月 日— 月 日					
月 日— 月 日					
月 日— 月 日					
月 日— 月 日					
月 日— 月 日					
月 日— 月 日					
月 日— 月 日					

巩固训练

小林是上海一家公司的秘书。由于该公司刚刚成立，各方面制度还不健全。上午，办公室主任给小林布置了一个任务：制作一份公司《周值班安排表》。主任交代小林，领班人可以是销售部、人事部、财务部、公关部、行政部、后勤部、设计部的主管，随班人员或替班人员是各部门的一般工作人员。请代小林制作一份《周值班安排表》。值班室等联系电话可以虚拟，值班安排表中涉及的相关事宜，都可因事适当拟出。

职业技能鉴定指导

一、知识技能复习要点

1. 值班工作的职责；
2. 值班工作的要求；
3. 《值班安排表》的制订。

二、模拟训练

（一）单项选择题

1.《值班安排表》的制订和具体安排者一般是（　）

A．行政主管　　B．行政经理

C．行政副经理　　D．秘书人员

2. 为避免值班工作造成失误，需要对值班工作进行检查、监督的人是（　）

A．行政主管　　B．行政经理

C．总经理　　D．秘书人员

（二）多项选择题

1. 值班工作的职责包括（　）

A．承办上级主管部门交办的事项　　B．处理各种紧急问题

C．负责信息传递　　D．坚持原则

2. 下列属于值班工作要求的是（　）

A．及时办事　　B．严守工作岗位

C．工作认真负责　　D．加强请示

3. 值班人员的工作时间和内容具有特殊性，平时应自觉学习办文和办事的（　）

A．工作制度　　B．工作程序

C．工作办法　　D．工作风格

（三）判断题

1. 值班人员办理的一切事项，都要详细规范地记录在专用的值班记录本上。（　）

2. 本班次内没办完的事项，除在记录中写清楚外，还要向下一班次的值班人员做出明确的交代。（　）

3. 处理涉及机密内容的事项时，要严格按规定办理。（　）

4. 值班过程中承办的工作事项，不一定随交随办。（　）

5. 值班人员因事必须外出时，需经行政主管同意并有顶班人员替班。（　）

（四）技能实训题

背景说明：你是瑞阳建筑有限公司的见习秘书林敏，下面是行政经理王峰需要你完成的任务。

便　条

林敏：

因上个月公司人员调整，我公司的值班表需重新安排，如果请你制订一份新的值班表，你要考虑哪些要素？

行政经理　王峰

2014 年 10 月 13 日

任务二 做好值班记录 Task 2

任务情境

根据公司国庆节期间的值班安排，瑞祥公司的张敏和行政经理王明被安排在今天（10月2日）值班。公司值班室的电话号码为0571-××××××××，值班地点为行政楼一层101室。

1. 早上8:30，张敏和行政经理王明到公司接班。

2. 上午8:50，张敏接到了来自上海的经销商刘丰的电话，电话号码为021-××××××××。刘丰来电询问上周订购的汽车摩托车配件的发货事宜。张敏联系了销售部核实了这件事情，并告诉刘丰昨天晚上已经发货。

3. 上午9:10，张敏接待了一位上门投诉的客户林××。她耐心地听客户诉说，最后有针对性地提出了解决纠纷的办法；有些不能解决的问题，她上报给了领导。领导回复她：公司会解决这一纠纷问题。张敏让客户先回去等待消息，并承诺公司会及时予以解决。

4. 上午11:00，一位开着车牌号码为浙A12345的灰色马自达小轿车的男士到公司来送汽车摩托车配件样品。经了解，他叫刘明，是公司的原材料提供单位A公司的一位业务员。刘明把样品交给张敏和王明后签了单据，15分钟后离开了公司。

5. 下午15:00，张敏接到了一个寻找行政经理王明的电话0571-××××××××，对方称王明的母亲被车撞伤，需要马上送医院。王明立刻向公司总经理做了汇报，总经理安排了替班人员王林来替班。

6. 直到19:00下班，公司再无来访来电。王林和张敏与下一班次的领班人员章连和随班人员李想进行了交接，并交代他们投诉事件还未处理结束。

任务要求

1. 讨论：值班期间张敏要做好哪些记录？

任务实施

根据任务情境，筛选信息填入不同的记录表中。

1. 帮张敏把值班期间接到的两个电话的相关信息记录在下表单中。

值班电话处理单

编号：

时间：　年　月　日　时　分 — 时　分	
来电号码：	来电人姓名：
来电单位：	值班接电人姓名：
通话内容摘要：	
领导意见：	
处理结果： 值班人签字：	

2. 张敏和王经理在值班期间接待了哪些来访人员？请登记在下表中。

来访人员登记表

序号	姓名	性别	单位	乘坐车辆	携带物品	办理事项	来访时间	离开时间	备注

值班接待记录表

编号：

来访人姓名		来访人单位	
接待时间	年　月　日　时　分 — 年　月　日　时　分		
内容摘要：			
拟办意见：			
领导意见：			
处理结果： 值班人签字：			

3．在进行交班时张敏和王经理需要填写《值班日志》，请帮其填写完整。

值班日志

编号：

时　间	年　月　日　时　分—　年　月　日　时　分	值班人	
记　事		待办事项	
承办事项		接班人签字	
处理结果			

技能要点

能根据不同的事宜，针对性地填写《值班日志》、《值班报告》、《值班电话处理单》、《值班接待记录表》、《来宾登记表》。

相关知识

行政主管应要求值班人员认真做好值班记录，并存档备查。

一、建立值班日志

值班日志以天为单位，记录值班中遇到的情况和处理结果。值班日志的内容一般包括值班期间的来人、来电、来函，领导批示，领导交办的事项和值班人员承办的事项等。值班日志的记录应有利于下一班次人员了解情况，保持上、下班次工作的连续性；有利于领导了解、检查和考核值班工作；有利于为编写工作简报和大事记等提供参考资料。《值班日志》样例见表 1-3。

表1–3　××公司值班日志

编号：

时　间	年　月　日　时　分—　年　月　日　时　分	值班人	
记　事		待办事项	
承办事项		接班人签字	
处理结果			

二、做好请示汇报

值班期间如有重大情况或突发事件发生，值班人员要立即向有关领导报告，必要时可形成书面值班报告呈送有关领导。另外，对把握不准的问题也要请示领导，不得擅自越权处理。通常请示汇报的内容包括报告事项，来人、来电、来函单位及时间，来人姓名、职务、电话，内容摘要，拟办意见，领导批示，处理结果，报告单位等。领导批示后，值班人员按领导意见处理。《值班报告》样例见表 1-4。

表1–4　××公司值班报告

值班人：

<table>
<tr><td>报告事项</td><td colspan="4"></td></tr>
<tr><td>来人、来电、来函单位</td><td colspan="2"></td><td>时间</td><td></td></tr>
<tr><td>姓　名</td><td></td><td>职务</td><td>电话</td><td></td></tr>
<tr><td rowspan="2">内容摘要</td><td colspan="2" rowspan="2"></td><td>拟办意见</td><td></td></tr>
<tr><td>领导批示</td><td></td></tr>
<tr><td>处理结果</td><td colspan="4"></td></tr>
<tr><td>报告单位</td><td colspan="4"></td></tr>
</table>

三、做好来宾登记

无论是办公时间或生产时间，还是非办公时间或非生产时间，对公司的来访人员及其乘坐的车辆、携带的物品，都要认真办理登记手续。登记可由来访人员自己填写，也可由值班人员代为填写。《来宾登记表》样例见表 1-5。

表1–5　××公司来宾登记表

序号	姓名	性别	单位	乘坐车辆	携带物品	办理事项	来访时间	离开时间	备注

四、建立记录制度

公司须建立接待记录制度及电话记录制度，以保证有关事项有据可查。

1. 接待记录

接待记录要编号，登记来访人姓名及单位、接待时间、内容摘要、拟办意见和处理结果等内容。《值班接待记录表》样例见表 1-6。

表1–6　××公司值班接待记录表

编号：

来访人姓名		来访人单位	
接待时间	年　月　日　时　分—　年　月　日　时　分		
内容摘要			
拟办意见			
领导意见			
处理结果	值班人签字：		

2. 电话记录

电话是值班室使用最频繁的对外联络工具。举办各种重大活动，召开重要会议，邀请领导出席活动或会议以及值班室反映情况、处理事情等事宜，大多数是用电话通知有关人员的。做电话记录要用统一格式的专用记录表（见表 1-7），认真准确地记录。电话记录要简明、扼要、口语化，避免或尽量少用同音字、生僻字。

表1–7　××公司值班电话处理单

编号：

时间：　年　月　日　时　分—　时　分	
来电号码：	来电人姓名：
来电单位：	值班接电人姓名：
通话内容摘要：	
领导意见：	
处理结果： 值班人签字：	

巩固训练

张平是B公司的秘书，今天轮到他和王经理值班，早上他陪同王经理巡视公司厂房的时候，发现厂房墙体破了一个大洞，公司刚买的原材料被盗。你觉得他该如何协助王经理处理这件事，并填写哪类记录表格？

职业技能鉴定指导

一、知识技能复习要点

能根据不同事宜，针对性地填写《值班日志》、《值班报告》、《来宾登记表》、《值班电话处理单》、《值班接待记录表》。

二、模拟训练

（一）单项选择题

1. 下列关于电话记录的要求不正确的是（　　）

A. 要简明　　B. 要扼要

C. 要书面语化　　D. 避免或尽量少用同音字

2. 下列选项不正确的是（　　）

A. 电脑是值班室使用最频繁的对外联络工具

B. 值班室反映情况，大多数是用电话通知有关人员的

C. 接待记录要编号，登记来访人姓名及单位、接待时间、内容摘要、拟办意见和处理结果等内容

D. 建立接待记录制度、电话记录制度，可以保证有关事项有据可查

（二）多项选择题

1. 值班日志以天为单位，记录值班中遇到的（　　）

A. 情况　　B. 处理结果　　C. 人员来访事宜　　D. 突发事件

2. 值班日志的内容一般包括值班期间的（　　）

A. 来人　　B. 来电　　C. 来函　　D. 领导批示

3. 接待记录应登记来访人的（　　）

A. 姓名　　B. 单位

C. 接待时间　　D. 来访事宜内容摘要

（三）判断题

1. 值班日志应有利于领导了解、检查、考核值班工作。（　　）

2. 来宾登记可以由来访人员自己填写，也可由值班人员代为填写。（　　）

3. 做电话记录，只要认真准确地记录即可，不一定要用统一格式的专用记录表。（　　）

4. 无论何时，对公司的来访人员及其乘坐的车辆、携带的物品，都要认真办理登记手续。（　　）

5. 值班期间如有重大情况或突发事件发生，值班人员要立即向有关领导报告。（　　）

（四）技能实训题

值班过程中，随时都可能有突发事件发生，因此秘书人员也要随时准备应付复杂情况和处理突发事件。如果你是A公司的秘书，碰到需要请示汇报的突发事件，一般要在请示汇报表中记录哪些内容？

任务三 做好考勤统计 Task 3

任务情境

瑞祥公司杭州分公司是一家新成立的分公司，制度尚存不规范之处。行政经理王明发现近期公司的员工迟到现象严重，为规范公司管理，王明请秘书张敏统计了这段时间的考勤情况，以便有的放矢地进行管理。张敏从考勤表中发现，有些员工人没到，却签了名，从字迹上可辨认出有些人并非自己签名，而是别人代签。

任务要求

1. 说出该公司考勤方式存在的漏洞。
2. 设计考勤工作内容。
3. 制订一项考勤制度和一份考勤表。

任务实施

根据任务情境，完成下列任务。

1. 讨论：瑞祥杭州分公司的考勤方式存在哪些漏洞？你觉得采取什么样的措施能避免这些漏洞。

考勤中的漏洞	采取的措施

2. 讨论：该公司可从哪些方面来设计考勤内容？请罗列出来。

3. 协助秘书张敏制订一份《瑞祥杭州分公司考勤表》。

4. 制订一项瑞祥杭州分公司的考勤制度。

 技能要点

考勤管理流程为：制订考勤制度及《考勤表》—考勤统计—判定考勤是否合格。

 相关知识

考勤是行政部门的一项日常工作，也是对企业员工进行管理的工作之一。做好这项工作，对维护企业的正常工作秩序，严肃企业纪律，客观评价员工的工作态度、提高工作效率具有重要意义。

一、员工考勤的内容

员工考勤的内容包括出勤、病事假、迟到、早退、旷工、工伤、加班和出差等项目。

1．员工出勤

一般而言，企业对员工的工作时间都有规定。业务繁忙时就加班，因故未能出勤时则应请假。出勤时间和记录方式如下：

（1）出勤时间

不同的企业，出勤时间会有所差别。就工厂而言，出勤时间大致规定为上午 8：00 — 12：00，下午 14：00 — 18：00，18：00 以后为加班时间。有些工厂为了避开交通繁忙时段，将上班时间提早 30 分钟，即出勤时间为上午 7：30 — 11：30，下午 13：30 — 17：30，17：30 以后为加班时间。

（2）出勤记录方式

出勤记录方式因企业规模及管理方式的不同而不同。很多企业每日由各部门自行统计出勤情况，然后报行政部门汇总。目前，企业采用较多的出勤记录方式是刷卡、打纸卡、刷指纹等。

（3）员工考勤表

行政部门最重要的工作之一是编制《考勤表》，见表 1-8、表 1-9。

表1–8　××公司员工考勤表1

部门：　　　　　　　　　　　　　　　　　　　　年　　　月

姓名	时间	出勤情况											
		1	2	3	4	5	6	7	8	9	10	……	31
	上午												
	下午												

负责人签字：

年　月　日

考勤类别	出勤	事假	病假	旷工	早退	公休	迟到	公差	年假
考勤代号	√	○	△	×	E×分钟	G	L×分钟	□	N
备注	1．本表为工资计发依据，请按时统计。 2．每日正常上班时间以8小时计算。								

部门经理审核签字：

年　月　日

表1–9 ××公司员工考勤表2

<table>
<tr><td rowspan="2">考勤代号</td><td>出勤</td><td>公差</td><td>工伤</td><td>病假</td><td>事假</td><td>旷工</td><td>早退</td><td>迟到</td><td>节假日</td><td>年假</td></tr>
<tr><td>/</td><td>√</td><td>伤</td><td>病</td><td>△</td><td>○</td><td>E×
分钟</td><td>L×
分钟</td><td>×</td><td>N</td></tr>
<tr><td rowspan="3">姓名</td><td colspan="10">出勤情况</td></tr>
<tr><td colspan="8">年 月</td><td colspan="2">小计</td></tr>
<tr><td>1</td><td>2</td><td>3</td><td>4</td><td>5</td><td>6</td><td>……</td><td>31</td><td>出勤</td><td>缺勤</td></tr>
<tr><td></td><td></td><td></td><td></td><td></td><td></td><td></td><td></td><td></td><td></td><td></td></tr>
<tr><td></td><td></td><td></td><td></td><td></td><td></td><td></td><td></td><td></td><td></td><td></td></tr>
<tr><td></td><td></td><td></td><td></td><td></td><td></td><td></td><td></td><td></td><td></td><td></td></tr>
</table>

2. 员工缺勤

缺勤主要是指员工违反企业劳动纪律而出现的迟到、早退、旷工和非正常请假不上班的现象。对缺勤应严格加以控制。如果缺勤的问题比较严重，则要认真分析，看是哪种缺勤情况出现的频率高，分析其原因，从而找出对策。

（1）迟到。因各企业的管理不同，迟到所规定的时间自然也不同。目前大多数企业将迟到时间定在5—15分钟或5—30分钟。对迟到的处罚也根据企业各自的情况而定。

（2）早退。早退的时间和迟到一样，企业一般根据自己的规章来定，如，有些企业规定提前5—30分钟下班的，视为早退。

（3）旷工。旷工所定的时间，是在迟到或早退的时段以外的缺勤时间。旷工多以小时为单位，不足1小时的按1小时计，超出1小时不足2小时的按2小时计，依此类推。

（4）请假。请假属于正常缺勤。请假也有扣薪与给薪之分。如，病假可给半薪；工伤假给全薪且不扣全勤奖，年休假亦同；而丧假、婚假、产假虽然给薪，但要扣全勤奖；事假则无薪等。

3. 员工休假

一年365天，除出勤日外，其余为休假日。

（1）企业的休假。企业的休假包括法定节假日、星期假日等。

（2）假别规定。员工因事不能出勤，必须依照规定请假。企业一般都会依自身的情况制订有关的假别规定。对于企业的假别规定，行政经理应特别清楚，以便在处理员工请假及计算薪酬时有据可查；同时一定要要求请假人填写请假单，并按规定程序与手续办理请假事宜。

4. 员工加班

正常上班 8 小时后，仍需继续工作而延长工作时间的，谓之加班。加班在许多企业中是很常见的。企业不能违反国家法律规定，强迫或者变相强迫劳动者加班。用人单位安排加班的，应当按照国家有关规定向劳动者支付加班费。加班的管理内容如下：

（1）加班申请。加班应事先申请。一般而言，加班必须由直接主管填写《加班申请单》，经上级主管核准后，于下班前 30 分钟提交行政部门。不可随意安排加班，因为加班也是要付出成本的。通常企业会对加班加以控制，具备以下条件之一者可以申请加班。

① 业务旺季，产品供不应求；

② 工作性质特殊，具有持续性，不能中途停顿；

③ 处理紧急任务。

对加班时数的限定，依企业性质的不同，可参照《中华人民共和国劳动法》的规定来定。

（2）汇总加班申请。行政部门每日将各部门的《加班申请单》汇总，计算出人均加班时数，并呈报行政经理和企业最高主管审核加班时数合理与否。

（3）加班打卡（刷卡）。加班的员工上下班要打卡（刷卡）。一般正常班与加班要间隔 30 分钟，供加班员工用餐及休息。

（4）核对实际加班情况。行政部门应该于加班次日上午，将各部门的《加班申请单》和出勤打卡记录（或出勤资料）进行核对。企业员工多的，则先由各部门秘书核对，经部门主管确认无误后，统一提交行政部门统筹，以此了解实际加班情况。

（5）加班津贴。加班费的计算方式，依《中华人民共和国劳动法》的规定，平时加班费以平日工资的 1.5 倍计算。

5. 员工出差

员工出差管理的基本程序为：出差申请—出差审批—销差—差旅费报销。

（1）出差申请。在出差之前，出差人员应填写《出差申请单》，出差的期限由出差人员所在部门主管视出差任务的需要，事先予以核定。出差人员填写完《出差申请单》后应上交部门主管。

（2）出差审批。出差审批的关键在于对出差审批权限的管理，出差的审批权限视出差人员职位的高低和出差时间的长短而定。《出差申请单》经审查批准后，申请人可凭之填写借款（预支）单，到财务处办理借款（预支）手续。

（3）销差。出差结束后回到企业，出差人员应立即到行政部门报到销差，并尽快完成详细的出差报告，送有关领导审阅。

（4）差旅费报销。出差回来后 4 天内，出差人员应到财务部门办理报销手续。如有不报者，若无特殊缘由，财务部门有责任督查，并按相关规定予以处理。

二、员工考勤管理流程

（1）制订考勤制度及《考勤表》。

（2）考勤统计。由行政部门做考勤统计，一般在月末实施。

（3）判定员工考勤是否合格。合格的奖励，不合格的处罚。

巩固训练

因业务繁忙，天远公司的业务员郑一这几天都是很晚才下班，同部门的同事告诉他，可以申请加班，获得一定的加班津贴。郑一符合加班申请条件吗？通常申请加班需要具备哪些条件？行政部门应该如何做好员工的加班考勤管理工作？

职业技能鉴定指导

一、知识技能复习要点

1. 考勤的内容；
2. 员工考勤管理流程。

二、模拟训练

（一）单项选择题

1. 企业考勤统计一般放在（　）

A．周末　　B．月中

C．月中下旬　　D．月末

2. 如果由各部门自行统计出勤情况，各部门统计出勤的频率最好为（　）

A．每日一次　　B．每周一次

C．每月一次　　D．每季一次

3. 根据劳动法，员工一天的正常上班时间为（　）

A．7小时　　B．8小时

C．9小时　　D．10小时

（二）多项选择题

1. 考勤的内容包括（　　）

A．出勤　　B．病事假

C．迟到、早退和旷工　　D．工伤、加班和出差

2. 目前，企业采用较多的出勤记录方式是（　　）

A．刷卡　　B．刷指纹

C．打纸卡　　D．手工签名

3. 员工出差管理的基本程序为（　　）

A．出差申请　　B．出差审批

C．销差　　D．差旅费报销

（三）判断题

1. 不同的企业，出勤时间会有所差别。（ ）
2. 出勤的记录方式各个企业相同。（ ）
3. 对缺勤应严格加以控制。（ ）
4. 用人单位安排加班，应当按照国家有关规定向劳动者支付加班费。（ ）
5. 考勤有利于维护企业的正常工作秩序，提高工作效率，严肃企业纪律。（ ）

（四）技能实训题

为严肃企业出差纪律，加强出差考勤管理，天阳公司行政经理要求秘书小李整理出差管理的基本程序并在宣传栏中向公司全体员工公示。请模拟完成此项任务。

项目评价

项目实施评价表

评价任务	评价关键点	配分	自评分	互评分	教师评分
安排值班工作	能理解值班工作任务和要求	10			
	能制作《值班安排表》	20			
做好值班记录	能做好值班记录工作	30			
做好考勤统计	能理解考勤工作内容	10			
	能制作《考勤表》	10			
	能制订考勤制度	20			
总　分		100			

项目三 活动宣传管理

Project 3

项目概述

活动宣传管理是行政部门日常管理工作的一个重要组成部分。丰富的文体活动和成功的宣传工作可以为企业创造良好的工作氛围，有助企业获得长足发展。

本项目以情境案例为线索，围绕企业文体活动的筹划，宣传资料的制作，引导你学会筹划文体活动和制作宣传资料，提高活动宣传管理工作的技能。

学习目标

1. 能筹划文体活动；
2. 能制作宣传资料。

任务一 筹划文体活动 Task 1

任务情境

随着业务的拓展，瑞祥公司的员工队伍也日益扩大。为丰富员工业余生活，加强彼此之间的沟通，进一步激发员工内在的工作驱动力和对企业的热爱，瑞祥公司下个月将成立员工俱乐部，并举办公司首届“十大歌手”评选活动。行政经理把此项活动的策划任务交给了张敏。

任务要求

1. 了解员工俱乐部常见的文体活动。
2. 掌握安排文体活动的操作要求。
3. 筹划该公司首届“十大歌手”评选活动。

任务实施

根据任务情境，完成下列任务。

1. 讨论：筹划一次成功的文体活动能给瑞祥公司带来哪些好处？

2. 讨论：员工俱乐部常见的文体活动有哪些？

3. 讨论：筹划“十大歌手”评选活动有哪些操作要领？

4. 协助张敏拟制并填写一份公司《首届“十大歌手”评选活动策划表》。

技能要点

文体活动操作要求：

（1）通过各种形式的文体活动把企业文化巧妙地贯穿到员工生活当中；

（2）文体活动要生动有趣且富有艺术性；

（3）能正确填写《文体活动策划表》。

相关知识

一、企业文化

1. 企业文化界定

企业文化是指一个企业从事经营管理活动形成的行为规范和价值观念。它对提升企业竞争力、推动企业发展具有重大作用。企业文化不属于保密的内容。

2. 企业文化结构

现代企业文化由三个层次构成，即物质层（生产经营过程和产品所具有的企业文化特色的总和）、制度层（规章制度、道德规范和员工行为准则所具有的企业文化特色的总和）和精神层（构成要素的最深层次，以企业价值观念为核心内容）。精神层是企业文化的核心层次。

3. 企业文化层次间的联系

企业文化的三个层次紧密相联。物质层是企业文化的外在表现和载体，是制度层和精神层的物质基础；制度层规范和约束物质层和精神层的建设，没有严格的规章制度，企业文化建设无从谈起；精神层是形成物质层和制度层的思想基础，也是企业文化的核心和灵魂。

二、文体活动管理

筹划文体活动是加强企业文化建设的重要内容。这对企业与员工、员工与员工之间联络感情、调节精神生活、扩大交往具有积极作用，能给员工展示特长和才能的机会，是培养企业精神、形成企业文化的主要途径。

1. 组织成立员工俱乐部

为丰富员工业余生活，加强彼此之间的沟通，行政部门可以组织成立员工俱乐部，活动项目安排主要以员工健身项目为主，其他项目为辅，如登山、羽毛球、乒乓球、篮球、足球、游泳、瑜珈、摄影、唱歌、舞蹈等。

2. 安排员工生日活动

生日对每个员工来说都有特殊意义，因此，行政部门应将员工生日活动作为日常员工活动的重点内容进行安排。

（1）员工生日活动安排流程

① 行政部门根据员工人事档案统计本月生日员工名单，并制作员工生日贺卡；

② 行政经理将活动方案、生日贺卡及资金预算报总经理审批，活动方案包括生日员工名单、活动负责人、活动内容及程序、活动地点、采购清单、金额预算等；

③ 总经理在接到活动方案后，应及时完成审批并回复；

④ 行政部门要及时公布本月生日员工名单，通知相关部门负责人；

⑤ 若员工发现有误，可持本人身份证，向行政部门反映，经行政部门相关人员核实确认后，由行政经理修正生日员工名单，进行调整，逾期不予调整；

⑥ 行政部门提前做好筹备工作，在活动开始前布置好会场，确保活动效果；

⑦ 生日员工及相关工作人员在指定时间、地点集合，开始活动。

（2）员工生日活动安排注意事项

① 发放员工生日礼物。行政经理应为员工发放生日礼物，并做好领取登记，避免出现多领、冒领或少领的情况。

② 生日活动费用预算。行政经理应积极做好生日活动费用的预算工作，既不能太少而不够用，也不能太多而超出企业相关标准范围，增加企业成本。行政经理可以用 Excel 表进行费用预算。

（3）员工生日活动安排通知样例如下：

关于举办第三季度员工生日活动的通知

公司将为第三季度过生日的员工举办生日活动，活动地点在公司一楼大厅，时间在 9 月 20 日晚上 7：00。请第三季度过生日的员工安排好个人时间，届时准时参加活动。

行政部

2014 年 9 月 10 日

三、文体活动操作要求

（1）通过各种形式的文体活动把企业文化巧妙地贯穿到员工生活当中。

（2）文体活动要生动有趣且富有艺术性。

四、文体活动策划表

文体活动策划需制作《策划表》，其样例见表 1-10。

表1–10 文体活动策划表

文件编号：	归档日期： 年 月 日
活动名称：	
送出人：（营销部经理签字）	送出日期： 年 月 日
执行人：（公关部经理签字）	收到日期： 年 月 日
策划方案内容摘要：	
销售部意见： 销售部经理签字： 年 月 日	
行政部意见： 行政部经理签字： 年 月 日	
行政总监意见： 行政总监签字： 年 月 日	

巩固训练

为强化员工的凝聚力，进一步激发员工内在的工作驱动力和对企业的热爱，C公司非常重视员工文体活动的管理。下周该公司将为10月份过生日的员工举办一次集体生日会。请模拟策划安排此项活动。

职业技能鉴定指导

一、知识技能复习要点

1. 文体活动管理知识；
2. 文体活动操作要求。

二、模拟训练

（一）单项选择题

1. 下列哪项活动是行政部门应该作为日常员工活动的重点内容进行安排的？（ ）

A．员工生日活动 B．登山 C．羽毛球 D．唱歌

2. 不属于保密内容的是（ ）

A．产品进货渠道 B．企业文化 C．关键工艺 D．企业的专利技术

3. 企业文化的核心和灵魂是（ ）

A．精神文化 B．制度文化 C．行为文化 D．物质文化

（二）多项选择题

1. 筹划文体活动对于企业与员工的意义是（　　）

A．帮助企业与员工、员工与员工之间联络感情　　B．帮助员工调节精神生活

C．帮助员工扩大交往　　D．利于培养企业精神

2. 员工俱乐部常见的活动项目有（　　）

A．羽毛球、乒乓球、篮球　　B．登山、游泳、瑜伽

C．摄影、唱歌、舞蹈　　D．生日会

3. 企业文体活动一定要（　　）

A．生动　　B．有趣　　C．富有艺术性　　D．高雅

（三）判断题

1. 筹划文体活动是加强企业文化建设的重要内容。（　）

2. 行政部门组织成立员工俱乐部，活动项目安排主要以员工健身项目为主，其他项目为辅。（　）

3. 通过各种形式的文体活动可以把企业文化巧妙贯穿到员工生活当中。（　）

4. 行政经理应为员工发放生日礼物，并做好领取登记。（　）

5. 员工生日活动不算大型活动，因此可以不用做活动费用的预算。（　）

（四）技能实训题

为丰富员工业余生活，加强团队合作精神，中兴公司下个月中旬将举行一次员工乒乓球赛，请模拟筹划此项活动。

任务二 制作宣传资料 Task 2

任务情境

瑞祥公司为提升知名度和美誉度，日益重视企业内外部的宣传工作，公司希望通过制作宣传资料有效地展示宣传。

任务要求

1. 了解常见的宣传资料的种类。
2. 掌握编制宣传资料要考虑的事项。

任务实施

根据任务情境，完成下列任务。

1. 讨论：瑞祥公司为什么要自制宣传资料？

2. 结合预习成果，说说常见的宣传资料的种类及它们的特点。

种类	特点

3. 讨论：瑞祥公司要成功编制一份宣传资料，需要考虑哪些事项？

4. 请替瑞祥公司制作一期张贴在公告栏内的墙报。

技能要点

编制宣传资料的工作内容包括：明确目的；确定阅读对象；明确宣传内容；确定宣传资料的形式和名称；确定宣传资料的发行数量和发行周期；确定宣传资料的版式；确定是否免费赠阅；确定广告的登载；明确发行方式。

相关知识

企业宣传工作主要包括内部宣传和外部宣传。内部宣传是指通过创办企业宣传栏及相关会议等方式进行宣传，主要反映企业内部动态、经营业绩、员工动态等方面的信息；外部宣传是指企业对外宣传企业文化、经营业绩、人才理念、企业战略等方面的信息。一个企业如果仅仅靠新闻媒介向企业外的公众展示企业形象，往往在时机、版面、内容等方面难以自主，处于被动地位。企业自制宣传资料可弥补这种缺陷，因其一般完全受企业控制，企业可根据自身的需要进行定期的、有计划的、有步骤的宣传活动。且企业自制宣传资料可以专门针对某一类特定的公众进行，因此大大提高了宣传的有效性。

一、宣传资料的种类

自制宣传资料一般指企业自己制作的、针对本企业特定传播对象进行宣传的资料。企业自制宣传资料主要包括印刷类资料和电子资料。印刷类资料主要包括企业刊物、宣传小册子、年报、海报以及传单等印刷品。

企业可制作的宣传资料种类很多，各自有特定的作用和表现形式。从刊物的发行范围来划分，企业刊物可分为对内刊物、对外刊物和综合刊物。从刊物的形式来划分，企业刊物可分为杂志、报纸、通讯简报、信函、墙报或板报等。

1. 杂志

这种形式的企业刊物类似于正式出版的杂志，按月或按季定期出版，图文并茂，内容丰富，以企业活动和员工生活为主要报道对象，作者大多是员工。

杂志形式的对外刊物与对内刊物类似，但由于读者对象的不同，它们在内容上有很大差别，一般对外的企业杂志更接近于正式出版的杂志，其内容更广泛、丰富，印刷制作也更为讲究。有时它甚至可以脱离企业，独立存于外界。对外企业杂志中最常见的是面向所有外部公众的杂志，也有的企业会出专门的经销商企业杂志、供应商企业杂志等，其内容针对性强。

2. 报纸

企业自制的报纸在我国较为常见，它能够比较及时地刊登企业的各种新闻、活动照片，以此来展示企业的形象。报纸的发行周期视具体情况而定，一般是周发、半月发或月发。

3. 通讯简报

通讯简报是一种看起来不太正式的企业刊物，其特点是简要、及时地把本企业的最新动态、成果、生产经营状况、经验、问题等传递给企业的有关公众。这类刊物制作较为简单，成本低廉，有时甚至使用油印或复印的技术，出版周期不定，登载的文章简短。

4. 信函

信函除了与通讯简报共有的一些优点外，最大的特点是能够使公众对企业产生亲切感。在员工遇到困难时发出慰问信，逢重大节假日时发出贺信，员工有突出表现时发出致敬信或感谢信等，都可使内部员工和有关公众感到企业对他的重视与关心，从而增强企业的向心力。利用信函的方式与股东沟通，也可有力地加强企业与股东的良好关系。有些企业的做法是：当股东购入本企业的股票时，立即发出由总经理签名的欢迎信，逢年过节发出慰问信；当股东抛出本企业的全部股票时，则发出遗憾信。

5. 墙报和板报

墙报和板报这两种形式的企业刊物使用最为广泛，一般被设置或张贴在企业最为显眼的墙上或黑板上。它主要为企业内部员工编写，突出特点是方便、灵活、及时、简明和内容集中。一些企业常利用这种形式通报每日的重要活动，即便是媒介水平很发达的大型社会组织也极为重视墙报或板报。如美国东西方研究中心办的《今日中心》通报就是采用了这种形式。它通常以每天一张 16 开的活页，张贴于研究中心各研究所、接待处及公共活动场所的公告栏内，一个人花上几分钟的时间就可以对中心当天的活动有个基本的了解，达到随时沟通信息的目的。而我国许多企业和组织往往忽视了这种形式的优点，墙报的内容不及时更新，达不到随时沟通信息的目的。

二、编制宣传资料

1. 明确目的

为什么要制作宣传资料？应该从企业的公关目标角度考虑制作宣传资料的合理性、必要性和可能性。企业宣传资料应该符合全盘公关计划，并应成为沟通特定公众而达到特定目标的手段。只有目的明确，才能进一步考虑企业宣传资料制作的其他问题。

2. 确定阅读对象

目的不同，宣传资料的读者对象也会有区别。如果是为了协调单位的员工关系，激励士气，读者对象就应确定为内部公众，如员工、管理人员等。如果是为了与经销商、消费者沟通，则读者对象应为经销商、消费者。当然，许多宣传资料的读者对象是混合型的，这也是由编制宣传资料的目的所决定的。

3. 明确宣传内容

内部宣传资料的内容由编制宣传资料的目的、读者对象决定，一般应包括如下几个方面：

（1）组织情况。组织情况包括组织历史，组织的宗旨、目标、方针、政策、经营计划，组织的现状，组织的重大成就，企业生产经营中存在的问题及解决问题的对策，组织机构的重大人事变动等。

（2）员工情况。员工情况包括员工的工作情况，如工作业绩、职位和工作变动情况、经验交流、工作照片等；员工的生活情况，如对员工的婚丧等事件的祝贺、慰问、吊唁，企业如何帮助员工解决家庭生活困难，介绍企业为员工举办的各种文体活动、工会活动，改善福利待遇，表扬员工好人好事；员工的发展情况，如举办文化技术、经济管理等方面的知识讲座，举行有奖问答、征文、书法、绘画、摄影等各类比赛，介绍一些新的学科、技术发展动态等。

（3）其他情况。宣传资料还应该介绍企业在社会公众心目中的形象、企业所承担的社会责任和所做的好事，以增强员工的自豪感；还可择登一些员工的来信，反映员工的意见、建议、看法等；还可适当报道一些国内外新闻消息，讨论当前的国家方针政策与社会热点问题，登载一些公众感兴趣的话题。

4．确定宣传资料的形式和名称

应综合考虑公关的整体目标、读者对象及用于刊物的经费预算等因素，再确定宣传资料的形式。企业宣传资料的名称应有自己的特色，取名不要千篇一律，缺乏个性。宣传资料的名称最好与企业的名称、产品或服务种类、企业的宗旨等相关联。

5．确定宣传资料的发行数量和发行周期

宣传资料的发行数量应根据目标公众的数量来决定，并不是越多越好，应记住只将刊物送给值得送的人。宣传资料最好能定期出版，有一个大家共知的出版日期，如做不到，也应有一个大致的时间范围。出版周期要适当。如果企业规模较大，需要沟通的信息多，刊物的周期可适当缩短；反之则可适当延长。当然也可以采取不定期出版的形式。

6．确定宣传资料的版式

宣传材料的版式包括刊物篇幅、色彩、印刷形式、刊头、版面等。刊物篇幅与色彩指页面规格如何、页数多少，黑白的还是彩色的。印刷形式分为平版印刷、胶印、油印和复印等。印刷形式的选择一般要根据刊物的篇幅、装帧、色彩、插图以及发行数量来决定，还要根据经费预算的多少来决定刊物所采用的纸张。刊头的设计应别具一格，可以借用典型报纸的形式，定版时一定要谨慎，因为一种刊头为人熟知后，再去更换就不是明智之举了。刊物版面的设计要考虑新闻稿件、专栏文章、特写文章的平衡以及插图的数量等。

7．确定是否免费赠阅

企业刊物是免费赠阅还是付费阅读，这可取决于读者读后的反馈。企业刊物一般是免费赠阅的，但是有些著名的大型企业与组织的刊物，制作精良，知识性和趣味性很强，有很高的阅读价值，则可像正规的专业刊物一样公开出售。刊物不计成本、价格低廉，在有些公众心目中反而会降低价值。

8．确定广告的登载

有些企业刊物，特别是大批量发行的著名企业与组织的刊物，不仅登载本企业与组织的广告，同时也接受外来广告，收取广告费。这样，可以将获得的广告费用于办企业刊物。刊登本企业的广告，也能帮企业节省部分广告费用的支出。

9. 明确发行方式

明确发行方式，是指明确企业刊物通过何种途径送达读者手中。发行方式一般有直接邮寄、专人发送、办公室传阅、在人群集中场所散发等。对内刊物通常采用办公室传阅或邮箱发送的方式，或者站在公司门口发送给来上班的员工。若企业希望员工家属也能看到这些刊物，则应直接邮寄到员工家里，这样费用虽有所增加，但可以得到额外的读者，扩大宣传效果。对外刊物，可以在相关展览会或参观活动、地区性或全国性的会议上散发，以迅速扩大影响。为了办好刊物，企业需要成立一个高效率的刊物编辑小组。这个小组通常隶属于行政部门，由擅长办刊的秘书人员组成，另外可以邀请企业的员工作为兼职通讯员、记者或编辑，也可以从外面聘请专业作家、记者和编辑当顾问。另外，应有专人负责与印刷机构的联系工作，以便顺利完成印刷任务。

巩固训练

请陈述编制一份宣传资料的工作程序。

职业技能鉴定指导

一、知识技能复习要点

1. 宣传资料的种类；
2. 编制宣传资料的工作程序。

二、模拟训练

（一）单项选择题

1. 下列哪种宣传资料的最大特点是能够形成企业与有关公众的亲切感？（　）

A. 信函　　B. 杂志　　C. 报纸　　D. 墙报

2. 使用最为广泛，一般被设置或张贴在企业最为显眼的墙上或黑板上的企业刊物是（　）

A. 信函　　B. 杂志　　C. 墙报　　D. 报纸

3. 制作较为简单，成本低廉，看起来不太正式的企业刊物是（　）

A. 板报　　B. 信函　　C. 杂志　　D. 通讯简报

（二）多项选择题

1. 从刊物的发行范围来划分，企业刊物可分为（　）

A. 对内刊物　　B. 对外刊物　　C. 综合刊物　　D. 杂志

2. 企业自制的报纸的发行周期视具体情况而定，一般有（　）

A. 周发　　B. 半月发　　C. 月发　　D. 年发

3. 墙报或板报主要为企业内部员工编写，突出特点是（　　）

A. 方便、灵活　　B. 及时　　C. 简明　　D. 内容集中

（三）判断题

1. 企业可制作的宣传资料种类很多，各自有特定的作用和表现形式。（　）
2. 内部宣传资料的内容由编制宣传资料的目的、读者对象决定。（　）
3. 目的不同，宣传资料的读者对象也会有区别。（　）
4. 宣传资料的名称最好与企业的名称、产品或服务种类、服务宗旨等相关联。（　）
5. 宣传资料的发行数量应根据目标公众的数量来决定，越多越好。（　）

（四）技能实训题

背景说明：你是宏远公司的秘书李明，下面是行政经理王华需要你完成的工作任务。

便　条

李明：

企业可制作的宣传资料种类很多，各自有特定的作用和表现形式。从刊物的形式来划分，企业刊物可分为哪几种？请把企业刊物的种类梳理出来交给我。

行政经理 王华

2014 年 10 月 5 日

项目评价

项目实施评价表

评价任务	评价关键点	配分	自评分	互评分	教师评分
筹划文体活动	能列出常见的文体活动	10			
	能筹划一项具体的文体活动	30			
	能理解文体活动的操作要求	20			
制作宣传资料	能辨识常见的宣传资料的种类	10			
	能掌握编制宣传资料的工作程序	10			
	能编制简单的宣传资料	20			
总　分		100			

模块二 Module 2 物资财产管理

模块概述

企业的物资品类繁多，主要包括办公用品、办公设备、固定物资等。行政部门必须对这些物资加强管理，且做到有效利用。

本模块主要介绍了办公用品和办公设备等物资财产的管理工作内容。

通过本模块的学习，你将习得物资财产管理工作的技能。

项目一 办公用品管理

Project 1

项目概述

各类办公用品是企业开展日常工作必不可少的帮手，对各类办公用品的管理也是行政部门日常管理工作的重要内容。行政部门要加强对办公用品的计划、申请和采购等工作的管理，尽量节约成本，避免浪费。

本项目以情境案例为线索，围绕办公用品的订购、收发和保管等工作，引导你学会规范地管理办公用品，习得办公用品管理工作的技能。

学习目标

1. 能订购和接收办公用品；
2. 能登记和发放办公用品；
3. 能保管好办公用品。

任务一 订购接收办公用品

任务情境

瑞祥公司的秘书张敏今天早上去库房里核查办公用品的数量时，发现有些办公用品数量已经很少了，需要立即订购。于是她清点了一下，结果是：笔和 A4 型纸剩余最少，需尽快购买；办公簿、凭证 / 单据、复写纸、包装用品还有一些，暂时不用购买；报告夹、板夹、订书机、起钉器、键盘、鼠标、地图、国旗、签名册等还剩余很多。对照清点单，她计划在这周内对数量不足的办公用品予以订购。

任务要求

1. 对公司的办公用品予以分类管理。
2. 制作并填写一份《办公用品采购申请单》，订购办公用品。
3. 规范接收办公用品。

任务实施

根据任务情境，完成下列任务。

1. 讨论：加强对办公用品的管理的目的是什么？

2. 协助张敏，对瑞祥公司库存的办公用品进行分类，并填写在下列表格中。

序号	类别	办公用品名称

3. 请协助张敏制作并填写采购红星牌黑色签字笔 500 支（1 元 / 支）和 A4 型纸 50 盒（40 元 / 盒）的《办公用品采购申请单》。

办公用品采购申请单

申请人				申请日期		
申购物品						
序号	名称	数量	规格	单价	总价	需求日期
1						
2						
合　计						
用途						
审核				签名：		年　月　日
审批				签名：		年　月　日

4. 借助网络、产品册等对办公用品供应商和订购方式进行比较，选择最佳供应商和订购方式，组织好办公用品的订购工作。

选择供应商	选择订购方式

5. 讨论：接收办公用品常见的手续是什么？

技能要点

一、订购办公用品的要点

提出采购申请，明确采购要求，实施采购（选择供应商、与供应商商谈、选择订购方式）。

二、接收办公用品的要点

核对物品，填写《办公用品库存控制卡》，更新库存余额，存放物品。

相关知识

为确保有效地使用、维护办公用品，降低办公用品所需经费，提高经济效益，使办公用品的使用合理、有序，必须加强对办公用品的管理。

一、办公用品分类

1. 纸簿类

纸簿类用品主要是各种类型的办公用纸，包括带单位抬头的信纸、复写纸、便条纸、标签纸、牛皮纸、相片纸、绘图纸、打印纸等，还包括各类信封、笔记本、账本 / 账册、凭证 / 单据等。

2. 笔尺类

笔尺类用品主要有铅笔、圆珠笔、中性笔（签字笔）、钢笔、彩色笔、白板笔、各种尺子、橡皮、修正液等。

3. 装订类

装订类用品主要有大头针、曲别针、橡皮筋、胶带、订书机、订书针、起钉器、打孔器、打孔机、装订夹条、装订透片等。

4. 归档类

归档类用品主要有各种有孔文件夹、无孔文件夹、报告夹、板夹、档案袋、收件日期戳等。

5. 辅助类

辅助类用品主要有报刊架、杂志架、白板、证件卡、包装用品等。

6. 其他类

其他类主要是指旗帜奖品类和常用公用物品类。旗帜奖品类包括旗帜、荣誉证书、绶带、红包等，常用公用物品类包括内部电话簿、航班时刻表、地图、字典、报纸、杂志等。

办公用品有些是要保持充分供应的，如铅笔、圆珠笔、打印纸等，有保质期的办公用品则不应一次性大量购买。

二、订购办公用品

1. 提出采购申请

一般由办公用品使用部门负责人或办公用品负责人提出采购申请，填写《办公用品采购申请单》（见表 2-1）。提出采购申请时应注意以下事项：

（1）采购申请必须符合本部门的实际情况，不得超量申请。

（2）采购申请必须经过采购人员的仔细核查才能予以批准。

（3）对有紧急需要的办公用品在申请时需做特别说明。

2. 明确采购要求

（1）根据办公用品的需求情况决定所要采购的办公用品。采购办公用品的具体要求如下：

① 对市场上的办公用品进行调查，把握其性能及价格；

② 选择最适合的办公用品；

③ 经常关注新产品，以便寻找符合要求的办公用品；

④ 经常接触办公用品供应商或经常出入展览会，以了解办公用品情况，取得商品目录。

（2）办公用品负责人提出采购要求，由采购负责人订货。

① 采购负责人与供应商就价格及交货期限进行协商。

② 由提出采购要求的办公用品负责人或采购部门决定供应商。

（3）办公用品负责人在制订采购计划时，必须确定购入数量与交货期限。

制订计划时应认识到：若购入数量过多，库存积压，会导致资金无法被有效利用；若购入数量过少，则会造成库存不足，使业务中止。所以应注意如下几点：

① 依据计划和预算采购。依据办公用品的采购计划和该年度的预算来决定购入数量和交货期限。

② 易耗品的采购。在存货将用完时再购入下一批易耗品。

③ 存货用完日期的计算。存货用完日期只需用现有的存货量除以每日计划用量即可算出。

④ 订货量的计算。订货量可通过每日计划用量乘以订货间隔天数算出。

⑤ 向供应商提出供货要求。要求供应商按时、保质、保量供货。

3. 实施采购

秘书负责日常办公用品的采购工作，要求比较之后再选择办公用品供应商，组织好进货工作。

（1）选择供应商

选择办公用品的供应商前要在以下方面对不同供应商进行比较：

① 价格和费用。首先应该考虑价格，比较不同供应商的要价。供应商给出的价格会因某些原因而略有抬高，秘书应掌握一些还价的方法，如批量购买、将其指定为企业唯一的办公用品供应商等。另外，在购买后还会有一定的费用支出，如存储中因损耗产生的费用、设备更新所带来的库存报废费用、运输及存储占用空间的费用等，因此，在采购时要综合考虑价格及相关费用，不得超支。

② 质量和交货。应仔细比较检查货品的质量，最好选择那些可以更换不合格产品、购买后发现产品与设备不配套可以退换货的供应商，以免造成浪费。还要比较供应商的交货时间，供应商应该可以在需要时准时、快速交货，以减少资金占用。

③ 服务和位置。要考虑供应商提供的服务是否便捷，如是否可以用电话、传真或网络订购，是否可以定期结算，是否可以退换货，是否可以满足企业所需所有办公用品的供应等。供应商所在的地点也要考虑，尽量选择离企业近一些的供应商，以方便联络和交货。

④ 安全和可靠性。要考虑供应商在送货的整个过程中能否保证货品的安全，供应商的销售手续是否正规及相关发票、单据是否齐全等。还应了解供应商规模的大小、经营的信誉度等。

（2）与供应商商谈

决定采购之后就是办理订货手续和与供应商商谈采购程序，以下是在商谈时需要注意的事项：

① 商谈之前，采购人员先将采购用品的名称、规格、型号等传达给供应商，接着确认交货日期，然后再要求供应商提供报价单；

② 供应商提供报价单后，采购人员应准确地计算采购金额，如有超支，需要检查与预算的差距是否合理，再确定是增加预算，还是与供应商商讨降低价格；

③ 商谈中，可能会因某个条件谈不拢而无法合作，为了不给对方留下不良印象，要有技巧地终止谈判。

（3）选择订购方式

① 直接购买。直接去商店购买所需要的办公用品。采用这种方式的前提是秘书可以确定该商店能够提供所需要的物品。

② 电话订购。大多数的日常办公用品都可以通过电话从供应商处订购。

③ 传真订购。有些办公用品的订购需要给供应商发传真，要详细列出所订购物品的名称、数量、类型、送货时间等细节。

④ 网上订购。即通过互联网进行订购。具备上网条件的公司，秘书可以在网上订购办公用品，但一定要保留购买订单，收到物品时，要将实物与订单一一核对，以防出错。

三、接收办公用品

接收办公用品需要办理接收进货手续，在接收物品时，一定要确保送来的物品与所订购的物品无论在数量上还是在型号上都完全一致，并做好记录，填写《办公用品采购验收入库单》（见表 2-2）。常见手续如下：

（1）核对物品。用购买订单核对对方交付的物品和出具的交货单。要注意物品的数量，一定要将购买订单与实物认真核对，如数量不足，应立即通知供应商补发。

（2）填写《办公用品库存控制卡》（见表 2-3）。在办公用品《办公用品库存控制卡》的接收项中，应填入所接收的每一类物品的详情。

（3）更新库存余额。更新《办公用品库存控制卡》中的库存余额。

（4）存放物品。将接收的物品按照办公用品存储规范存放好。

四、采购办公用品的相关表单示例

表2–1　办公用品采购申请单

名称		品牌	
规格/型号		单价	
申购数量		申购日期	
申请事项：			
申请人		部门负责人	
行政部负责人		总经理	

表2–2　办公用品采购验收入库单

类别：　　　　　　　　　　编号：　　　　　　　　　　年　月　日

供货单位				电话				部门						
序号	办公用品名称	单位	规格/型号	数量	单价	金额								
						百万	十万	万	千	百	十	元	角	分
合计金额（大写）														

办公用品使用者：　　　　　验货人（部门负责人）：　　　　　办公室经办人：

表2–3　办公用品库存控制卡

库存参考号： 项目： 单位：				最大库存量： 最小库存量： 再订货量：			
日期	接收			发放			
	接收数量	发票号	供应商	发放数量	申请号	领用者	库存余额

巩固训练

小李是L公司的秘书，他打算代表公司和供应商商谈采购程序，那么他在商谈时需要注意哪些事项？

职业技能鉴定指导

一、知识技能复习要点

1. 办公用品分类；
2. 办公用品订购程序；
3. 办公用品接收程序。

二、模拟训练

（一）单项选择题

1. 下列属于文件档案管理类办公用品的是（ ）

A. 有孔文件夹　B. 笔记本　C. 复写纸　D. 荣誉证书

2. 下列不属于纸簿类用品的是（ ）

A. 账本/账册　B. 复写纸　C. 凭证/单据　D. 报告夹

3. 以下属于常用公用物品的一组是（ ）

A. 保险柜、禁烟标志、文件柜、地图、企业员工手册

B. 档案袋、黄页、来电登记表、访客登记簿、杂志

C. 工作日志、板擦、白板、镜子、报纸

D. 内部电话簿、航班时刻表、地图、字典、报纸

（二）多项选择题

1. 下列属于装订类办公用品的有（ ）

A. 曲别针　B. 订书机　C. 打孔器　D. 橡皮筋

2. 订购办公用品的要点是（ ）

A. 提出采购申请　B. 明确采购要求

C. 实施采购　D. 接收办公用品

3. 选择供应商需比较的条件是（ ）

A. 价格和费用　B. 质量和交货

C. 服务和位置　D. 安全和可靠性

（三）判断题

1. 与供应商商谈之前，采购人员要先确认交货日期，然后再要求供应商提供报价单。（ ）
2. 与供应商商谈中，可能会因某个条件谈不拢而无法合作，为了不给对方留下不良印象，要有技巧地终止谈判。（ ）
3. 秘书可以在网上商店订购办公用品，但一定要保留购买订单。（ ）

4. 在接收物品时，一定要确保送来的物品与所订购的物品无论在数量上还是在型号上都完全一致，并做好记录。(　)

5. 将接收的物品按照办公用品存储规范存放好。(　)

（四）技能实训题

背景说明：你是宏远公司的秘书林琳，下面是行政经理张明需要你完成的工作任务。

便　条

林琳：

为更合理规范地采购办公用品，办公用品使用部门负责人或办公用品负责人在提出采购申请时要注意哪些事项？请把要点列出来发给我参考。

行政经理　张明

2014 年 9 月 23 日

任务二 登记发放办公用品

Task 2

任务情境

公关部的小王来到秘书张敏的办公室，要求领一包A4型打印纸。张敏给了小王一张《物品领用申请表》，要求他填好后再来领。“不就一点儿纸吗！”小王有些不耐烦，但还是离开了。下午，小王再次过来，将《物品领用申请表》交给了张敏，张敏仔细审核了公关部主管的签字，让小王在“领用人”处签了字，自己在“发放人”处签了字，才把打印纸交给小王。最后，张敏将《物品领用申请表》归档。

任务要求

1. 结合案例分析张敏的做法是否正确。
2. 了解发放办公用品的程序和注意事项。
3. 制作一份《物品领用申请表》和《物品领用登记表》。
4. 二人一组模拟完成张敏给小王发放打印纸的过程。

任务实施

根据任务情境，完成下列任务。

1．讨论：张敏的做法是否正确，请说明理由。

2．讨论：发放办公用品一般要遵循哪些程序，有哪些注意事项？

程序		注意事项
程序1		
程序2		
程序3		

3．协助张敏制作填写一份《物品领用申请表》。

4．协助张敏制作填写一份《物品领用登记表》。

5．二人一组模拟完成张敏给小王发放打印纸的过程。

技能要点

发放办公用品的工作程序为：审核《物品领用申请表》（见表 2-4）—发放物品—更新库存记录，填写备案清单。

相关知识

一、发放办公用品的程序

发放办公用品必须遵循规定的程序，不能随意发放。发放办公用品的工作程序如下：

（1）审核《物品领用申请表》

任何人领取办公用品，都必须填写《物品领用申请表》。申请表中务必要填写清楚领用物品的名称与数量。申请表必须要有部门主管的签字才能生效，秘书必须把好此关。另外，申请人与发放人都要签字以备查。

《物品领用申请表》应包括领用部门、领用物品的名称与数量、申请人签字、主管签字、发放人签字、日期以及备注等内容。这样的申请表能使领用人与发放人都心中有数，也可以作为发放物品的原始依据。

（2）发放物品

依据《物品领用申请表》中注明的名称与数量发放办公用品，不得任意增加或减少发放数量。

对办公用品的发放管理，要建立正常的发放和使用制度。要严格掌握办公用品的发放范围，根据实际需要进行发放，避免浪费。对经费已经超出预算的部门，要限制领用。在办公用品的领用和发放工作中，负责人要坚守工作岗位，服务热情周到。对不符合领用规定的，要做好解释工作，使对方能够理解。

① 属于员工按惯例需用的办公用品，实行定期定量发放，各使用人自行领用并登记。

② 属于员工非惯例需用的办公用品，应填报《物品领用单》和《物品领用登记表》（见表 2-5、表 2-6），由主管审核批准，交负责人发放。《物品领用单》中应包括物品名称、数量、用途、领用人、领用部门负责人、审批意见等项目。

③ 负责人发放办公用品时，应备簿登记，每月统计一次，并送主管查阅，使之了解企业办公用品的消耗情况，以改进工作。

（3）更新库存记录，填写备案清单

物品发放后，秘书必须及时更新库存记录，以便及时掌握物品的供应状况。另外，发放了什么办公用品、发给了谁，秘书都要留备案清单。清单包括领用物品的时间、物品名称与数量、领用人姓名等内容，在发放时应要求领用人在上面签字。这样，即使在一两个月甚至更长时间之后，也能清楚地知道谁领用了什么、什么时候物品可能会用完。

二、发放办公用品的注意事项

（1）实行专人发放。办公用品不能让员工随意领用，如果秘书不能亲自发放，也应指定专人负责发放。

（2）发放时间应遵循单位的有关规定。

（3）要求领用人填写《物品领用申请表》，而且这份申请表要有部门主管签字才能生效。

（4）紧急需用物品也必须按相应的处理程序发放。

（5）制作备案清单，清点核实发放的办公用品。

（6）实行倾斜政策。物品发放要对重要部门实行倾斜政策，要优先改善重要部门的工作条件，使他们能集中精力完成工作任务；对办公用品消耗量大的部门也要给予支持。

三、物品领用表单示例

表2–4　物品领用申请表

领用部门					
物品名称		数量		备注	
申请人		主管审核		发放人	
日期		日期		日期	

表2–5　物品领用单

部门：　　　　　　　　　　　　　　　　　　　　　　　　年　月　日

序号	物品名称	单位	数量	用途
领用人			领用部门主管	
审批意见				

表2-6 物品领用登记表

领用时间	编号	物品名称	数量	领用人	备注

登记人：

巩固训练

假如你是一家大型电子公司的秘书，请结合发放办公用品的注意事项谈谈你对办公用品发放工作程序的看法。

职业技能鉴定指导

一、知识技能复习要点

1. 发放办公用品的工作程序；
2. 发放办公用品的注意事项。

二、模拟训练

（一）单项选择题

1. 负责人发放办公用品时，应备簿登记，每月统计（　）

A．一次　　B．二次　　C．三次　　D．四次

2. 下列关于发放办公用品的要求不正确的是（　）

A．发放的物品名称与质量必须与申请中的一致

B．对办公用品的发放管理要建立正常的发放和使用制度

C．要严格掌握办公用品的发放范围

D．根据实际需要进行发放，避免浪费

（二）多项选择题

1.《物品领用申请表》应包括（　　）

A．领用部门　　B．领用物品的名称与数量

C．申请人签名　　D．主管和发放人签名

2. 发放办公用品要依据《物品领用申请表》中注明的哪两项发放？（　　）

A．名称　　B．质量　　C．数量　　D．部门

3. 备案清单的内容包括（　　）

A．领用物品的时间　　B．物品名称　　C．物品数量　　D．领用人姓名

（三）判断题

1. 任何人领取办公用品，都必须填写《物品领用申请表》。（　）

2. 属于员工按惯例需用的办公用品，实行不定期不定量的发放。（　）

3. 要严格掌握办公用品的发放范围，根据实际需要进行发放。（　）

4. 非惯例需用的办公用品，应填报《物品领用单》和《物品领用登记表》，由主管审核批准，交负责人发放。（　）

5. 物品发放要对所有的部门一视同仁，不能厚此薄彼，实行倾斜政策。（　）

（四）技能实训题

假设你是金丰公司的秘书，下周一公司要发放办公用品，为规范发放办公用品，请你帮行政经理梳理一下发放办公用品的注意事项。

任务三 保管办公用品 Task 3

任务情境

原秘书李明被公司辞退了，张敏接手了保管办公用品的工作，但她发现公司办公用品的管理非常混乱。办公用品储藏室的钥匙虽在办公室，但哪个部门需要耗材都可以拿钥匙直接开门进储藏室领用；当领用人发现需要领用的物品没了，才通知张敏需要采购了。张敏到储藏室看了看，发现储藏室通风不好，霉味严重，而且照明条件很差，很难找到物品。她本想清点一下物品，做个清单，但储藏室内的物品堆得乱七八糟，新物品置于旧物品的上面，小物品放在大物品的后面，各类物品未做归类也没贴标签，很难快速找到。张敏好不容易点清了物品，但找不到《办公用品盘点单》。当张敏补购好所缺的办公用品，准备登记入库时，才发现《采购验收入库单》也找不到。她终于有些明白原秘书李明被公司辞退的原因了。

任务要求

1. 分析原秘书李明工作的不到位之处。
2. 规范保管办公用品。
3. 规范库存管理控制。

任务实施

根据任务情境，完成下列任务。

1. 小组讨论：原秘书李明在办公用品保管方面存在哪些问题？请提出整改建议。

存在问题	整改建议

2. 根据以下措施，讨论规范保管办公用品的具体要求及注意事项。

可采取的措施	具体要求	注意事项
设专人保管办公用品		
定期盘点办公用品		
定期整理办公用品		

3. 结合预习成果，列出《办公用品库存控制卡》上的主要内容。

4. 根据第 3 题编制一份《办公用品库存控制卡》。

技能要点

一、保管办公用品的要点

保管办公用品的要点包括：设专人保管办公用品，定期盘点办公用品，定期整理办公用品。

二、库存管理控制的要点

库存管理控制的要点包括：掌握最大库存量、最小库存量和再订货量，编制《办公用品库存控制卡》，加强库存监督和管理。

相关知识

一、保管办公用品

1. 设专人保管办公用品

企业应设专人保管办公用品，明确保管人员的工作职责。对于办公用品，具体的保管工作要求如下：

（1）精心保管。保管人员应按照规格、数量、质量认真验收采购人员采购的办公用品，并做好登记、上账、入库工作，精心保管。

（2）摆放合理，整齐美观。库房内的各种办公用品要摆放合理，并做到整齐美观。

（3）经常检查整理库房。要经常检查库房内的办公用品，防止物品损坏、变质、变形。要对存货进行整理整顿，使其得到有效利用。

（4）定期清理和采购。在保管工作中，要定期（每季度或半年）清理库存，做到账实相符。保管人员还要根据库存和需求情况，定期提出采购计划。

（5）加强安全防范。加强库房的安全防范工作，经常进行安全检查，防止各种意外事故的发生。

2. 定期盘点办公用品

为明确办公用品的实际存货量，必须对办公用品进行定期盘点。盘点要求如下：

（1）调查易耗品存货量。可使用《办公用品一览表》（见表2-8）对易耗办公用品的存货量进行检查。

（2）把握用量。把握员工对办公用品的用量，如有异常大量消耗现象，则需要调查大量消耗的原因。

（3）存货量账实相符。保管人员应将实际存货量与账簿上的存货量进行比较，保证二者一致。

（4）日常办公用品和办公设备附件要盘点详情。对日常办公用品和办公设备附件，盘点时需要调查其所在位置和损耗状况，并且明确物品的负责人、使用部门等。

（5）办公用品要粘贴管理序号。为方便盘点，必须给各办公用品贴上管理序号。

表2-7 办公用品盘点单

序号	名称	单位	账存数量	实盘数量	差异原因	应对措施

日期： 填表人：

表2-8 办公用品一览表

部门： 人数： 年 月 日

<table>
<tr><th colspan="7">个人使用类</th><th colspan="7">业务信用类</th></tr>
<tr><td>办公用品名称</td><td>代号</td><td>单位</td><td>数量</td><td>单价</td><td>金额</td><td>备注</td><td>办公用品名称</td><td>代号</td><td>单位</td><td>数量</td><td>单价</td><td>金额</td><td>备注</td></tr>
<tr><td></td><td></td><td></td><td></td><td></td><td></td><td></td><td></td><td></td><td></td><td></td><td></td><td></td><td></td></tr>
<tr><td></td><td></td><td></td><td></td><td></td><td></td><td></td><td></td><td></td><td></td><td></td><td></td><td></td><td></td></tr>
<tr><td></td><td></td><td></td><td></td><td></td><td></td><td></td><td></td><td></td><td></td><td></td><td></td><td></td><td></td></tr>
<tr><td></td><td></td><td></td><td></td><td></td><td></td><td></td><td></td><td></td><td></td><td></td><td></td><td></td><td></td></tr>
<tr><td>小计</td><td colspan="6"></td><td>小计</td><td colspan="6"></td></tr>
<tr><td colspan="6">预算金额</td><td rowspan="2">部门主管</td><td colspan="3" rowspan="2"></td><td rowspan="2">经办人</td><td colspan="3" rowspan="2"></td></tr>
<tr><td colspan="6">实际金额</td></tr>
</table>

3. 定期整理办公用品

为了有效利用办公用品，需要对办公用品进行定期整理。整理要点如下：

（1）要求各部门保管人员必须保证办公用品处于随时可供使用的状态。

（2）将常用与不常用的办公用品分开，并将不再使用的办公用品返还库里。

（3）将办公用品放在合适的地方，摆放要便于取用。

4. 保管办公用品的注意事项

（1）储藏间或物品柜需上锁，储藏面积大小要合理。储藏间或物品柜要上锁，保证安全，杜绝丢失。储藏需要的面积取决于物品的大小。

（2）办公用品要贴上标签。各类物品要清楚地贴上标签，表明类别和存放地，以便迅速找到。

（3）办公用品放置要有序。新物品置于旧物品的下面或后面，先购置的物品先发出去，以减少物品因过期而不得不销毁的情况出现；体积大、分量重的物品放在最下面，以避免取物时发生事故；体积小、常用的物品，应放在较大的物品的前面，以便于查找和领用。

（4）储藏间要注意通风照明。储藏间不仅要有良好的通风条件以保持环境的干燥，也应有良好的照明条件以方便找到所需物品。

二、库存控制管理

1. 库存控制的作用

在一个有效的库存控制系统中，准确的库存记录可以起到以下作用：保证大量的资金不被不必要的库存占用；保证空间不被用来存储不必要的物品；监督个人和部门对物品的使用；保证企业的正常运作，消除由库存短缺而引起的工作延迟；防范任何偷窃和破坏行为，避免造成损失；便于再次购买时进行估价。

2. 库存的定义

库存的定义涉及三个概念，即最大库存量、最小库存量和再订货量。

最大库存量是为防止物品超量存储而可以保存的该项物品的最大数量，库存物品的数量在任何时候都不能超过这个最大量。这样可以避免资金被过多地滞压在库存物品上，能节约宝贵的库存空间，并使库存物品及时利用。在确定这个数字时要考虑到费用、存储空间和保存期限等因素。

最小库存量是为防止物品全部消耗完而保存的该项物品的最小数量，当库存余额达到这个水平，必须采取紧急行动确认是否已经订购，并与供应商联系，确定可以接受的交货时间；紧急时有必要向供应商紧急订购，以保证物品在短期内就能交付。

再订货量，也称重新订购线，这是提醒采购人员需要重新订购的标准，当库存余额达到这个水平，必须重新订购物品来使库存余额达到最大库存量。这个数字是由物品的平均日用量和物品交货所需时间决定的，一般用下面的公式计算：

重新订购线＝平均日用量 × 交货所需时间＋最小库存量

例如，A4 型复印纸每天要用去半包，物品交货时间需要 6 天，最小库存量是 10 包，重新订购线就是：0.5×6+10=13（包）。

3．库存控制卡

库存信息可以在《办公用品库存控制卡》（见模块二任务一表 2-3）上手工记录，也可以在电脑上使用库存控制软件包、电子表格或数据库记录。无论使用什么形式，都记录同样的信息。每一种物品都要有一张《办公用品库存控制卡》。《办公用品库存控制卡》用于登记、接收和发放物品，并能使管理人员随时掌握物品的最大库存量、最小库存量和再订货量。

《办公用品库存控制卡》上主要有 10 项内容：

（1）项目。项目要准确描述，包括大小、颜色和种类，例如“A4 型白纸”。

（2）单位。物品订购、存储和发放的单位，例如“盒”、“包”等。

（3）库存参考号。给每一库存项目的编号。编号通常与存放位置相关联，例如“C4”（柜子编号 C，架板编号 4）。

（4）最小库存量。当库存余额达到这个水平，必须采取紧急行动确认订购情况，确保物品迅速补充到位。

（5）再订货量。当库存余额达到这个水平，必须重新订购物品。

（6）最大库存量。即一项物品可以存储的最大数量。这个数字的确定要考虑费用、存储空间和保存期限等因素。

（7）日期。必须记录接收和发放物品的日期。

（8）接收。记录所有接收信息，包括接收数量、发票号和供应商的名称。

（9）发放。记录发放物品的数量、发放物品的申请号和领用物品的个人或部门。

（10）库存余额。在每一次处理后核算物品库存余额。接收物品后应加上接收的数量，发放物品后则应减去发放的数量，以便执行库存检查。发现差异要报告管理人员。

库存的每一项目都应该记录在《办公用品库存控制卡》上。保管人员在每次接收或发放物品时都应填写这张卡片，并记录库存余额。保管人员应学会记录库存，填写《办公用品库存控制卡》，保证填写的《办公用品进货卡》、《办公用品出货卡》和《办公用品库存控制卡》三卡一致。

4．库存监督

库存监督工作可以根据不同的目的选择不同的监督类型及时间间隔。在监督中若发现库存问题，就要缩短监督的时间间隔，保证库存符合要求。

（1）核查实际库存量与《办公用品库存控制卡》上的库存余额。保管人员要将实际存放物品的数量与卡片上的余额做比较，看是否有出入。这样做的目的是确认是否存在浪费和被盗现象，据此准确计算库存的价值，剔除那些从未被申请领用的物品，发现和纠正库存记录的错误。这种监督通常是定期进行的，例如每年四次。

（2）检查《物品领用申请表》和《办公用品库存控制卡》。检查《物品领用申请表》，了解各部门和员工领用物品的情况，其目的是防止物品过度领用。这种库存监督通常每两个月一次。检查《办公用品库存控制卡》，了解库存物品项目和最大、最小库存量以及再订货量，其目的是了解公司发展变化后对物品的使用也有所改变的情况下，是否需要调整这些数字，及时了解和处理那些过期的和多余的物品。这种监督也是定期的，通常一年进行两次。

5. 库存控制管理的注意事项

（1）关注库存余额变化，合理补充物品。当某项物品的库存余额降到再订货量时，就应该采取行动进行订购、补充物品。物品的订购数量应该以库存余额为基准，订购后的总数不能超过最大库存量。

（2）《物品领用申请表》需领导审核批准。《物品领用申请表》要说明领用物品的理由、数量和型号等细节，经主管签字批准后交给物品管理人员。

（3）采购时应货比三家。在采购办公用品时，要对各供应商提供的报价进行比较、筛选，填写正式订购单，由主管签字后发送给选定的供应商，同时要复制一份给会计部门。

（4）对单查货，确保数量和质量。收到供应商交付的物品后，要对照供应商的交货单和自己的订购单检查物品，查明物品的数量，确保质量符合要求。

（5）物品入库要签字。填写入库单时要仔细，库房管理人员要签字以示物品入库。

巩固训练

戴琳是M公司新聘的秘书，最近她被库存物品折磨了好几天。原来，同事来领用物品时，储藏办公用品的库房太乱了，她很难快速地找到相应的物品，而来领用物品的同事往往说××物品急用，催得很紧，她总是找得满头大汗。请从库存控制管理的角度，谈谈戴琳应该从哪几个方面加强办公用品的监督和管理，请协助她制作一张《办公用品库存控制卡》。

职业技能鉴定指导

一、知识技能复习要点

1. 保管办公用品的要点；
2. 库存管理控制的要点。

二、模拟训练

（一）单项选择题

1. 重新订购线是指（　）

A．最大库存量　　B．最小库存量

C．再订货量　　D．最低库存量

2. 需准确描述大小、颜色和种类等要素的是（　）

A．库存参考号　　B．库存项目

C．最大库存量　　D．再订货量

3. 下列关于办公用品的放置正确的是（　）

A．新物品置于旧物品的上面

B．新物品置于旧物品的前面

C．体积大、分量重的物品放在最下面

D．小物品应放在较大物品后面

（二）多项选择题

1. 对办公用品的保管工作要做到（　　）

A．专人精心保管　　B．物品摆放合理，整齐美观

C．经常检查整理库房　　D．加强安全防范

2. 定期盘点办公用品的要求是（　　）

A．调查易耗品存货量　　B．把握用量

C．存货量账实相符　　D．办公用品要粘贴管理序号

3. 库存监督要检查（　　）

A．实际库存余额　　B．《物品领用申请表》

C．《物品领用单》　　D．《办公用品库存控制卡》

（三）判断题

1. 不一定所有的企业都应设专人保管办公用品，要视企业的具体经济情况而定。（　）

2. 为明确办公用品的实际存货量，必须定期对办公用品进行盘点。（　）

3. 各类物品要清楚地贴上标签，标明类别和存放地，以便迅速找到。（　）

4. 当某项物品的库存余额降到再订货量时，就应该采取行动进行订购、补充物品。（　）

5. 物品的订购数量应以库存余额为基准，订购后的总数可超过最大库存量。（　）

（四）技能实训题

假如你是A公司的一名秘书，下周公司将新来一位秘书，请你根据自己的办公用品库存控制管理经验，就办公用品库存控制管理的注意事项写成书面材料，交给她参考。

项目评价

项目实施评价表

评价任务	评价关键点	配分	自评分	互评分	教师评分
订购接收办公用品	能对办公用品进行分类	10			
	能制作填写《办公用品采购申请单》	10			
	能订购办公用品	10			
	能接收办公用品	10			
登记发放办公用品	能按程序发放办公用品	10			
	能理解发放办公用品的注意事项	10			
	能制作《物品领用申请表》和《物品领用登记表》	20			
保管办公用品	能规范保管办公用品	10			
	能进行库存控制管理	10			
总　分		100			

项目二 办公设备管理

Project 2

项目概述

各类办公设备是企业开展日常工作不可或缺的帮手，对各类办公设备的管理也是行政部门日常管理工作的重要内容。行政部门要加强对办公设备采购、保管和维护等工作的管理，尽量节约成本，合理利用，避免浪费。

本项目以情境案例为线索，围绕办公设备的采购和保管等工作，引导你学会规范地管理办公设备，习得办公设备管理工作的技能。

学习目标

1. 能识别办公设备的类别及其附件；
2. 能按原则和程序采购办公设备；
3. 能按新旧交替的要求采购办公设备；
4. 能规范领取和使用办公设备；
5. 能保管和维护办公设备。

任务一 采购办公设备

Task 1

任务情境

瑞祥公司行政办公室新入职了一名员工，需要新购一台电脑供其使用，办公室主任交代秘书张敏采购。张敏通过市场调研确定了采购目标，并报总经理同意。本次采购的是××牌台式电脑，有三家供应商提供报价：A公司报价4300元，B公司报价4200元，C公司报价4100元，三家供应商的售后服务标准相同。张敏通过比较，决定向C公司采购，并办理了相关手续，完成了此项采购任务。

任务要求

1. 了解采购办公设备的原则和流程。
2. 制作并填写《办公设备采购申请单》。
3. 制作并填写《办公设备采购验收入库单》、《办公设备管理卡》。

任务实施

根据任务情境，完成下列任务。

1. 根据此次采购任务，填写下表。

问题	内容
申请采购的部门	
申请采购的办公设备名称及类型	
申请原因	
采购方式	

2. 模拟采购过程。

（1）制作并填写《办公设备采购申请单》。

表2–9　办公设备采购申请单

申请部门：　　　　　　　　　　　　　　　　　　　　　　　　　　申请日期：

<table>
<tr><th>序号</th><th>设备名称</th><th>规格 / 型号</th><th>申购数量</th><th>单位</th><th>已有同类设备数量</th><th>预计单价</th><th>预计总价</th></tr>
<tr><td>1</td><td></td><td></td><td></td><td></td><td></td><td></td><td></td></tr>
<tr><td>2</td><td></td><td></td><td></td><td></td><td></td><td></td><td></td></tr>
<tr><td>申请原因</td><td colspan="7">申请人签名：　　　　日期：</td></tr>
<tr><td>部门负责人意见</td><td colspan="7">签名：　　　　日期：</td></tr>
<tr><td colspan="4">办公室负责人意见
签名：　　　　日期：</td><td colspan="4">财务部负责人意见
签名：　　　　日期：</td></tr>
<tr><td colspan="8">总经理意见
签名：　　　　日期：</td></tr>
</table>

（2）明确采购合同的主要内容。

（3）采购结束后制作并填写《办公设备采购验收入库单》和《办公设备管理卡》。

表2–10　办公设备采购验收入库单

类别：　　　　　　　　　　　　　　　编号：　　　　　　　　　　　　　年　月　日

<table>
<tr><td>供货单位</td><td colspan="3"></td><td>电话</td><td></td><td colspan="2">部门</td><td colspan="7"></td></tr>
<tr><td rowspan="2">序号</td><td rowspan="2">办公设备名称</td><td rowspan="2">单位</td><td rowspan="2">规格 / 型号</td><td rowspan="2">数量</td><td rowspan="2">单价</td><td colspan="9">金额</td></tr>
<tr><td>百万</td><td>十万</td><td>万</td><td>千</td><td>百</td><td>十</td><td>元</td><td>角</td><td>分</td></tr>
<tr><td></td><td></td><td></td><td></td><td></td><td></td><td></td><td></td><td></td><td></td><td></td><td></td><td></td><td></td><td></td></tr>
<tr><td></td><td></td><td></td><td></td><td></td><td></td><td></td><td></td><td></td><td></td><td></td><td></td><td></td><td></td><td></td></tr>
<tr><td></td><td></td><td></td><td></td><td></td><td></td><td></td><td></td><td></td><td></td><td></td><td></td><td></td><td></td><td></td></tr>
<tr><td colspan="6">合计金额（大写）</td><td colspan="9"></td></tr>
</table>

办公设备使用者：　　　　　　　　　　验货人（部门负责人）：　　　　　　　　　办公室经办人：

表2–11　办公设备管理卡

类别：办公设备类　　　　　　　　　　　　　　　　　　　　登记时间：

编号		名称		购入时间	
品牌		规格 / 型号		数量	
功能					
供应商				供应商电话	
价值		使用部门		使用人	
变更记录					
时间	变更人			经手人	备注
报废记录					
报废日期				报废情况说明	
审核人				执行人（附报废申请单）	

3．归纳总结采购办公设备的原则和流程。

采购原则	采购流程

技能要点

一、办公设备采购原则和流程

（1）办公设备采购原则：预算先行原则、“三公一诚”原则、“三比”原则、“三审一验”原则、专人保管原则。

（2）办公设备采购流程：由各部门填写、审核《办公设备采购申请单》—审核、批准采购—选择采购方式—签订采购合同—采购、验收、入库—审核、批准付款。

二、办公设备的采购要点

（1）新办公设备的采购要点：采购的办公设备是否适合业务的处理；在采购前是否听取

了操作负责人的意见；采购金额是否合理；采购后的办公设备是否容易管理；采购后的维护是否有问题。

（2）新旧交替办公设备的采购要点：查询旧设备的采购金额；可选择原设备供应商；确认新设备与旧设备的相符度；做好新旧设备的交替登记工作。

相关知识

各类办公设备是企业日常工作不可或缺的帮手。办公设备属于行政类固定资产，一般由企业行政部门进行管理。

一、办公设备的类别

1. 常用办公设备种类

（1）一般设备：装订机、碎纸机、考勤机、支票打印机、点钞机、过塑机、电话机等。

（2）IT 设备：电脑、投影仪、复印机、打印机、多功能一体机、传真机、扫描仪、相机、摄像机、路由器等。

（3）电器设备：饮水机、加湿器、吸尘器、电风扇等。

2. 办公设备的附件

办公设备的附件具体有以下几种类别：

（1）打印耗材：硒鼓、色带、墨盒等。

（2）电脑相关用品：光盘、U 盘、键盘、鼠标、移动硬盘、录音笔、磁盘、磁盘盒等。

二、办公设备采购原则和流程

1. 办公设备采购原则

（1）坚持预算先行原则。所有办公设备（不包括附件）采购项目，都必须先做预算，并在预算获批准后，方可进入采购程序。如果不在年度预算采购计划内，但因工作需要确需采购的，必须先制订新增采购计划，经领导办公会议通过后才能进入采购程序。

（2）坚持“三公一诚”原则。采购办公设备应当遵循公开、公平、公正和诚信原则，严格按照批准的预算执行。小额办公设备可以直接进行采购，原则上应至少有两人负责；大额办公设备应采用招标等方式确定供应商进行采购。

（3）实行“三比”原则。采购过程实行“三比”原则，即比质、比价、比服务的原则。

（4）实行“三审一验”原则。即实行采购计划审核、价格审核、合同及票据审核、质量检测验收的控制原则。

（5）实行专人保管原则。办公设备购入后由专人分类存放，填写物品清单，并定期整理，妥善保管。

2．办公设备采购流程

（1）各部门填写、审核《办公设备采购申请单》。对办公设备有需求的部门根据年度预算，填写《办公设备采购申请单》，并由相关主管审核。

表2–12 办公设备采购申请单

名称：	品牌：
规格/型号：	单价：
申购数量：	申购日期：
申请事项：	
申请人：	部门负责人：
行政部负责人：	总经理：

（2）审核、批准采购。由办公室会同财务部门审核，核实型号及价格，上报总经理核准采购。

（3）选择采购方式。由办公室组织研究，选择适当的采购方式（如招标、比价采购）以确定供应商。

（4）签订采购合同。由办公室与供应商签订采购合同，采购合同的主要内容包括：供需双方名称，产品清单及付款方式，交货时间、地点，保修条款，相关权利义务及违约责任，备注，署名及日期。合同需经财务部门核准备案。

（5）采购、验收、入库。由办公室根据采购合同，会同需求部门验收入库，并填写《办公设备采购验收入库单》、《办公设备管理卡》。

（6）审核、批准付款。由办公室根据《办公设备采购验收入库单》、发票报销，由财务部门根据采购合同审核，经总经理核准付款。

三、办公设备的采购要点

1．新办公设备的采购要点

（1）采购的办公设备是否适合业务的处理；

（2）在采购前是否听取了操作负责人的意见；

（3）采购金额是否合理；

（4）采购后的办公设备是否容易管理；

（5）采购后的维护是否有问题。

2．新旧交替办公设备的采购要点

各类办公设备由于长时间的使用磨损而发生故障，有些可能无法使用，必须进行新旧交替办公设备的采购。这类采购不同于新设备采购，其采购要点如下：

（1）查询旧设备的采购金额。和新设备采购不同的是，旧设备的采购金额可查询。虽然之前采购的金额可能会与现在不同，但可以利用其价格标准与供应商交涉。

（2）可选择原设备供应商。采购时，一般选择以前合作较好的设备供应商，可减少选择供应商的时间。

（3）确认新设备与旧设备的相符度。结束采购手续之前，必须确认其与旧设备是否相符。

（4）做好新旧设备的交替登记工作。新旧设备交替时，旧设备的维修、保管等情况必须记入《办公设备管理卡》（见表2-13），以备事后的调查、分析，尤其要针对容易发生故障的地方做调查。报废的旧设备也必须在《办公设备目录表》中删除。

表2–13　办公设备管理卡

设备编号		设备名称	
供应商		联系方式	
采购价格		采购数量	
使用年限		启用日期	
规格/型号		修理记录	
技术特征		改造记录	
使用部门		报废记录	
设备存放处		设备负责人	
备注			

表2–14　办公设备报废申请单

设备编号		设备名称		规格/型号	
制造厂商		联系地址		联系方式	
采购价格		采购日期		使用部门	
使用年限		已用年限		估计余值	
报废原因					
鉴定人		鉴定日期		申请人	
总经理		行政部负责人		财务部负责人	

巩固训练

小张是F公司新聘的秘书，她对办公设备新旧交替采购的要点不清楚，请你帮她理出几个常见的要点，使她在采购办公设备时胸有成竹。

职业技能鉴定指导

一、知识技能复习要点

1. 办公设备的类别及其附件；
2. 办公设备采购原则；
3. 办公设备采购流程；
4. 新办公设备的采购要点；
5. 新旧交替办公设备的采购要点。

二、模拟训练

（一）单项选择题

1. 小额办公设备可以直接进行采购，原则上负责采购的人数应是（　）

A．2人以上　B．3人以上　C．4人以上　D．5人以上

2. 办公设备采购要实行“三审一验”原则，“一验”是指（　）

A．采购计划　B．价格　C．合同及票据　D．质量检测验收

3. 下列不属于IT设备的是（　）

A．电脑　B．考勤机　C．投影仪　D．复印机

（二）多项选择题

1. 采购办公设备应当遵循的原则是（　　）。

A．公平　B．公正　C．公开　D．诚信

2. 采购办公设备的方式有（　　）

A．招标　B．比价　C．委托第三方核准　D．其他

3. 采购办公设备应实行“三比”原则，即（　　）

A．比量　B．比质　C．比价　D．比服务

（三）判断题

1. 大小额办公设备采购都可以直接进行。（　）
2. 所有办公设备采购项目，都必须先做预算，预算获批准后，方可进入采购程序。（　）
3. 结束采购手续之前，必须确认其是否与旧设备相符。（　）
4. 采购时，一般不选择以前合作过的设备供应商。（　）
5. 复印纸属于办公设备打印耗材。（　）

（四）技能实训题

为了使公司新聘的秘书尽快熟悉办公设备的采购工作，请你向新秘书陈述办公设备的采购流程。

任务二 保管办公设备 Task 2

任务情境

入职一段时间后，张敏发现公司没有完善的办公设备管理制度，公司公关部办公设备的管理比较混乱。她决定先从公关部设备盘点入手，规范办公设备的系列保管措施。

张敏和财务部分管人员及公关部经理崔明对公关部的办公设备进行了清查盘点，结果如下：

1. 2009 年 2 月购入单价为 5 200 元的 A 型台式电脑 X201 共 8 台，公关部共 8 人，每人使用 1 台。

2. 2009 年 2 月购入单价为 1 000 元的 B 型打印机 1 台，由公关部全体员工共同使用。该打印机因经常卡纸，已经长期不用，需要维修。

3. 2010 年 5 月购入单价为 1 600 元的 C 型 91 型碎纸机 1 台，由公关部全体员工共同使用。

4. 2011 年 4 月购入单价为 2 800 元的 D 型传真机 1 台，由公关部全体员工共同使用。

5. 2011 年 7 月购入单价为 850 元的 E 型饮水机 1 台，由公关部全体员工共同使用。

张敏与公关部经理崔明协商以后，确定了打印机由张强负责保管，碎纸机由李亮负责保管，传真机由王雪负责保管，饮水机由李兴负责保管。

任务要求

1. 制作《办公设备盘点表》，协助张敏清查盘点公关部设备。
2. 规范地领取和使用办公设备，重新办理办公设备领用手续。
3. 制作并填写《办公设备领用登记表》《办公设备管理台账》。
4. 管理和维护办公设备，制作和记录《办公设备维修记录表》。

任务实施

根据任务情境，完成下列任务。

1. 制作《办公设备盘点表》，协助张敏盘点公关部设备，并把结果填入下表。

办公设备盘点表

盘点部门：　　　　　　　　　　　　　　　　　　　　盘点日期：　年　月　日

设备名称	设备编号	规格/型号	单位	数量	使用部门	使用人	备注

办公室：　　　　财务部：　　　　盘点部门代表：　　　　总经理：

2. 分组模拟角色规范地领取和使用办公设备，重新办理办公设备领用手续。

（1）制作《办公设备领用登记表》，按所模拟的角色分别填写。

办公设备领用登记表

领用部门：　　　　　　　　　　　　　　　　　　　　领用时间：

序号	设备编号	设备名称	规格/型号	单位	数量	用途	备注
总经理		办公室负责人		领用部门负责人		领用人	

（2）制作《办公设备管理台账》，讨论并由组长负责填写。

办公设备管理台账

序号	设备名称	设备编号	规格/型号	单位	数量	单价	购置日期	使用部门	使用人	使用变更	生产厂家	保修规定	备注

办公室：　　　　财务部：　　　　经办人：　　　　制表时间：

（3）各组组长将本组成员填写的《办公设备领用登记表》和《办公设备管理台账》进行

汇总。

（4）分组模拟演示各小组成员重新办理办公设备领用手续的过程。

3. 协助张敏维修打印机，制作和填写《办公设备维修记录表》。

办公设备维修记录表

日期	设备名称	使用部门	故障原因	处理人员	维修方法	维修费用	验收确认

技能要点

一、办公设备的领用流程

办公设备的领用流程为：领用人或部门经办人领取并填写《办公设备领用登记表》—部门负责人和办公室负责人对登记表予以审核，总经理签字。

二、办公设备的管理和维护

（1）建立办公设备故障维修机制。

（2）编制《办公设备管理卡》。

（3）定期清查盘点办公设备。

相关知识

一、办公设备的领用和使用

1. 办公设备的领用流程

（1）在领用办公设备时，领用人或部门经办人需要领取并填写《办公设备领用登记表》（见表2-15）。

表2–15　办公设备领用登记表

办公设备名称：	
领用部门：	领用人：
领用数量：	领用日期：
领用事由：	

（2）部门负责人和办公室负责人对登记表予以审核，总经理签字。

2. 办公设备的使用

个人使用的办公设备，由使用人负责管理，责任到个人。办公设备使用人、使用地点变动，应由转出部门提出申请，由办公室办理相关手续并报财务部门备案后，方可进行资产转移。

二、办公设备的管理和维护

1. 建立办公设备故障维修机制

要制订完善的维修制度，以便发现故障时及时与有关人员联系。对于一旦出现故障即可能给企业造成重大影响的设备，需要定期进行检查和保养，以免发生故障。

（1）指导工作人员正确使用办公设备。

（2）把握办公设备使用信息。要从使用人手中收取办公设备的使用报告，定期把握有关办公设备的使用信息。

（3）发现故障及时联系处理。工作人员使用办公设备过程中发现其有故障时，要及时与办公设备负责人联系处理。若有必要可事先准备替代品。

（4）申请维修，填写记录。办公设备需要维修时，由使用部门提出申请，办公室安排维修。维修完成后，由使用部门相关人员验收，并在《办公设备维修记录表》（见表 2-16）上签字确认。

表2–16　办公设备维修记录表

日期	设备名称	使用部门	故障原因	处理人员	维修方法	维修费用	验收确认

2. 编制《办公设备管理卡》

为保证办公设备的正常使用，确保办公设备高效、无故障地运转，减少办公设备管理成本，提高经济效益，企业在采购办公设备时应将它们的相关信息登记在《办公设备管理卡》（见表 2-13）中，以便管理。《办公设备管理卡》的主要内容包括：

（1）设备编号。管理卡归档置于柜中时，为了分类整理和便于拿取，必须将管理卡一一编号。可按照使用目的、负责人、使用年数、采购年度等分类整理。

（2）设备名称。设备的名称应用全称。如果用电脑登记必须将代码、编号也输入其中，型号也不可以省略。

（3）采购供应商。在“采购供应商”一栏必须将交涉负责人的姓名记录下来，以便日后联系。传真号码记录在备注栏中，电话号码和内线号码如果清楚也一并记录。

（4）采购价格。将采购价格详细登记，如果有减价可在备注栏中记下差额，以便日后再采购时作为参考。

（5）修理记录。修理信息必须如实登记，登记内容应包括修理日期、修理地点、修理原因、修理费用等。

4. 定期清查盘点办公设备

各办公设备使用部门都要指定相关人员负责办公设备的管理工作并建立《办公设备管理台账》。

（1）定期清查盘点。为确保账实相符，公司办公室负责办公设备的清查盘点工作，清查盘点每年至少进行一次。

（2）制订盘点计划，发放盘点表。办公室负责制订办公设备盘点计划、制作盘点表。经办公室负责人审批后，向使用部门和财务部门传达盘点计划，进行人员安排，发放盘点表，提前做好办公设备盘点的各方面准备工作。

（3）专人负责盘点。实地盘点工作应由办公室分管人员、财务部分管人员以及办公设备使用部门相关人员共同参与，一起完成。

（4）确认并保存盘点结果。盘点结果和财实差异应由办公室分管人员、财务部分管人员和办公设备使用部门相关人员三方签字确认。《办公设备盘点表》分别由办公室和财务部归档保存。

表2–17　办公设备盘点表

盘点部门：　　　　　　　　　　　　　　　　　　　　　　盘点日期：　　年　月　日

设备名称	设备编号	规格 / 型号	单位	数量	使用部门	使用人	备注

办公室：　　　　财务部：　　　　盘点部门代表：　　　　总经理：

巩固训练

分组对学校本专业实训室的办公设备进行清查，制作并填写《办公设备管理台账》。

职业技能鉴定指导

一、知识技能复习要点

1. 办公设备的领用流程。

2. 办公设备的管理和维护：

（1）建立办公设备故障维修机制；

（2）编制《办公设备管理卡》；

（3）定期清查盘点办公设备。

二、模拟训练

（一）单项选择题

1. 办公设备使用人、使用地点变动，应由转出部门提出申请，由办公室办理相关手续并报哪个部门备案后，方可进行资产转移？（　）

A．后勤部　B．财务部　C．办公室　D．维修部

2. 办公设备需要修理时，提出申请的部门是（　）

A．财务部门　B．使用部门　C．维修部门　D．后勤部门

3. 办公设备维修完成后，由使用部门相关人员验收，并在以下哪个表格上签字确认？（　）

A．《办公设备处置审批单》　B．《办公设备盘点表》

C．《办公设备维修记录表》　D．《项目实施评价表》

（二）多项选择题

1. 办公设备的实地盘点工作，应由下列哪些人共同参与？（　）

A．办公室分管人员　B．总经理

C．财务部分管人员　D．办公设备使用部门相关人员

2. 下列属于《办公设备管理卡》的主要内容的有（　）

A．设备编号　B．设备名称　C．采购供应商　D．采购价格

3. 下列属于办公设备清查盘点工作内容的是（　）

A．定期清查盘点　B．制订盘点计划，发放盘点表

C．专人负责盘点　D．确认并保存盘点结果

（三）判断题

1.《办公设备盘点表》分别由办公室、财务部和各使用部门归档保存。（　）

2. 个人使用的办公设备，由本人负责管理，责任到个人。（　）

3. 为做到办公设备账实相符，公司办公室的办公设备清查盘点工作每年至少要进行3次以上。（　）

4.《办公设备管理卡》中的“设备名称”应填写全称。（　）

5. 工作人员使用办公设备过程中发现其有故障时，应及时与办公设备负责人联系处理。（　）

（四）技能实训题

为提高工作效率，M公司给每位员工配置了一台笔记本电脑。作为新入职的员工，你打算去领用一台电脑，应按什么流程来领用这台电脑？

项目评价

项目实施评价表

评价任务	评价关键点	配分	自评分	互评分	教师评分
采购办公设备	正确制作并填写《办公设备采购申请单》	10			
	正确制作并填写《办公设备采购验收入库单》	10			
	正确制作并填写《办公设备管理卡》	10			
	正确制作并填写《办公设备报废申请表》	10			
	掌握办公设备的采购流程	10			
保管办公设备	能规范办理办公设备领用手续	10			
	能制作并填写《办公设备领用登记表》	10			
	能制作并填写《办公设备管理台账》	10			
	能制作和记录《办公设备维修记录表》	10			
	能制作并填写《办公设备盘点表》	10			
总　分		100			

模块三 Module 3 后勤事务管理

模块概述

后勤，是后方勤务的简称，指后方对前方的所有供应工作，也指机关、团体、企业内部的行政事务性工作。后勤事务管理，是用科学的方法，通过组织协调，为生产、经营、科研及职工生活提供必需的物质条件所做的工作。企业的后勤事务涉及企业员工的生活起居，关乎企业日常生产经营的正常开展。通过本模块的学习，你将习得员工食堂、员工宿舍、日常用车等后勤事务管理工作的技能。

项目一 员工食堂监管

Project 1

项目概述

员工食堂是企业为员工提供就餐服务的重要场所。加强食堂监管，可以有效促进食堂的经营，更好地提高饭菜的质量，有力地保障员工的饮食健康。

本项目通过了解食堂管理内容、掌握食堂外包管理两个任务，引导你熟悉食堂管理工作的要点及食堂外包经营的管理模式，从而习得食堂管理工作的基本技能。

学习目标

1. 掌握食堂管理的基本要求；
2. 能监管外包食堂；
3. 会选择食堂承包商。

任务一 管理员工食堂 Task 1

任务情境

瑞祥公司员工食堂自开办以来，一直让行政部经理头疼不已。尽管行政部付出了很大努力，想了很多办法，但是员工们依旧对食堂不满意，意见不断。这天竟然发生员工罢餐事件。公司领导听说后甚为不满，责令行政部尽快调查了解事件真相，以便切实解决这个“老大难”问题。

任务要求

1. 掌握员工食堂管理的内容。
2. 了解员工食堂管理的要求。

任务实施

根据任务情境，完成下列任务。

1. 讨论：通常情况下，员工对食堂的不满意见可能会有哪些？

2. 员工的上述意见大致可以归为哪几类？

3. 根据员工的意见进行小组讨论，并写出可行的改进措施。

技能要点

员工食堂管理的基本内容为：卫生、安全、人员、用餐、财务。

员工食堂管理的基本要求为：伙食质量要保障，服务质量要优良，饮食卫生要达标，成本核算要科学。

相关知识

一、员工食堂管理的基本内容

1. 食堂卫生管理

食堂的干净整洁是食堂饭菜质量的重要保证，也是员工身心健康的重要保证，因此，做好食堂的卫生管理，对食堂的经营管理至关重要。食堂的卫生管理主要包括：

（1）食品卫生。要求食品在采购、存放、清洗、加工的所有环节都要做到干净、卫生，保证食品新鲜、营养、有益健康。

（2）器具卫生。食堂器具包括储藏用具、洗涤用具、调理用具、烹调用具、进餐用具，这些器具本身的卫生状况直接影响到食品的卫生和质量，需要保持干净整洁。

（3）个人卫生。食堂工作人员个人的卫生是食品卫生和环境卫生的根本前提，没有良好的个人卫生，也就无法保证其他方面的卫生。

（4）环境卫生。食堂操作加工环境、食品储藏环境、用餐大厅环境等都应该做到干净整齐，没有蛛网灰尘，没有苍蝇蚊虫，没有蟑螂鼠害，餐厨垃圾处置及时。

2. 食堂安全管理

（1）食品安全。加强采购监管，避免食材腐坏、霉变；检测农药的残留，避免农药残留超标的食材进入食堂；杜绝害虫鼠患，避免引起疾病；确保员工健康，避免员工被传染疾病；及时留存样品，以便防疫查验；分类加工，分类存放。

（2）消防安全。加强食堂用火用电的规范和管理，及时清洗处理油污；开展消防培训和演习，使工作人员了解消防自救的知识和方法，熟悉消防器材的使用和管理；配备标准的消防灭火器材和设备，防止火灾的发生。

（3）设施安全。食堂所有设施都应该符合卫生、消防和安全生产标准；餐具摆放整齐，消毒规范严格；餐厅进出口畅通无阻。

3. 食堂人员管理

（1）健康检查。食堂工作人员入职之前必须进行健康体检，只有达到从业人员健康标准，才可从事食堂工作，坚决杜绝食堂工作人员带病工作。

（2）技能培训。食堂工作人员上岗之前必须接受岗前培训，学习必要的食品知识，掌握基本的岗位操作技能，熟悉食堂工作人员管理规范，取得培训合格证书，杜绝无证上岗。

（3）卫生习惯。食堂工作人员必须养成良好的卫生习惯，自觉做好个人卫生，规范穿着工作服、配戴帽子和口罩。

4. 食堂用餐管理

（1）就餐秩序。制定可行的就餐管理规范，确保就餐井然有序，使员工养成排队就餐的良好习惯，避免拥挤和踩踏事故发生。

（2）用餐环境。用餐环境应光线充足，通风透气，温度适宜，布置得当，餐桌整洁，地面干净。

（3）就餐文明。积极倡导文明就餐，使员工养成爱惜粮食、拒绝浪费、清洁卫生、文明有序、爱护公物的好习惯。

5. 食堂财务管理

（1）饭菜定价要合理，不能以盈利为目的，做到收支平衡。

（2）财务收支要统一，按照财务管理的规范做好台账。

（3）食堂财务要公示，接受全体员工的监督，做到公开透明。

二、员工食堂管理的要求

（1）伙食质量要保障。

（2）服务质量要优良。

（3）饮食卫生要达标。

（4）成本核算要科学。

巩固训练

1. 请实地参观你所在学校的食堂，向食堂管理员了解学校食堂管理的有关知识。
2. 请实地考察某企业的员工食堂，比较学校食堂和企业食堂管理的区别。

职业技能鉴定指导

一、知识技能复习要点

1. 员工食堂管理的内容；
2. 员工食堂管理的要求。

二、模拟训练

（一）单项选择题

1. 不属于食堂卫生管理内容的一项是（　）

A. 食品卫生　B. 装修环保　C. 个人卫生　D. 器具卫生

2. 食堂安全管理要做到食品安全、消防安全和（　）

A. 设施安全　B. 质量安全　C. 食材安全　D. 人员安全

3. 食堂人员管理不包括（　）

A. 健康检查　B. 技能培训　C. 卫生习惯　D. 思想品德

（二）多项选择题

1. 员工食堂管理的内容有食堂卫生管理、(　　)

A．食堂安全管理　　B．食堂人员管理　　C．食堂用餐管理　　D．食堂财务管理

2. 员工食堂管理的基本要求是 (　　)

A．伙食质量保障　　B．服务质量优良　　C．饮食卫生达标　　D．成本核算科学

3. 食堂用餐管理涉及的方面有 (　　)

A．收支平衡　　B．就餐秩序　　C．用餐环境　　D．就餐文明

（三）判断题

1. 食堂饭菜的定价要充分考虑盈利，要做到保赚不赔。(　)

2. 如果员工没有排队就餐的习惯，食堂就餐秩序则无法保障。(　)

3. 用餐环境应该做到通风透气，光线充足，温度适宜。(　)

4. 食堂工作人员入职前不必进行健康体检，不会影响食堂工作。(　)

5. 食堂餐具要保持干净整洁，消毒工作要规范。(　)

（四）技能实训题

瑞祥公司为了解决公司食堂经营管理中存在的问题，根据实际需要，辞退了 3 名合同到期的员工，同时招聘了 3 名新员工。为了使新员工尽快进入工作状态，食堂管理部门应该做好哪些工作才能调动新员工的工作积极性?

任务二　外包员工食堂 Task 2

任务情境

为了彻底解决公司员工食堂的问题，瑞祥公司要求行政部拿出更加有效、更为彻底的解决办法。行政部为此专门开会研究，会上大家各抒己见，众说纷纭。张敏介绍了一种食堂管理的新模式——承包，也就是外包的形式。经张敏一番介绍，大家觉得这个办法最可行，能够从根本上解决公司员工食堂目前存在的问题，于是行政部开始着手食堂外包的准备工作。

任务要求

1. 了解食堂管理的模式有哪些。
2. 了解食堂承包模式的优点。
3. 掌握选择食堂承包商的要点。
4. 掌握监管食堂承包商的方法。

任务实施

根据任务情境，完成下列任务。

1. 讨论：食堂管理的模式有哪些？张敏介绍的食堂承包模式有哪些优点？

（1）请写出食堂管理的模式有哪些。

（2）食堂承包模式的优点有哪些？请列出来。

2. 讨论：如果要进行食堂外包，什么样的餐饮公司是值得选择的？

3. 讨论：如果要进行食堂外包，应该怎样加强监管？

技能要点

（1）食堂经营管理的模式包括两种：自办、承包。

（2）选择食堂承包商的要点有：经营管理，菜品制作，食材管理，作业规范，清洁卫生，巡回检验，服务规范。

（3）监管食堂承包商的方法有：签订合同，做好台账，调查满意度，约定保证金。

相关知识

一、食堂的经营管理模式

员工食堂的经营管理模式有自办食堂和承包食堂两种方式。前者由企业自行开办，由行政部门负责管理，由内部员工负责经营；后者则是企业把食堂的经营管理权交给专业的餐饮服务商，企业负责监督。

二、食堂承包模式的优点

采用承包模式，食堂的具体事务由承包商依据法律、法规、企业规章制度去完成，食堂内部的管理工作由承包商全权负责，食堂成为一个自主经营、自负盈亏、自我发展、自我约束的经营实体。

采用承包模式，企业行政部门就可以从繁杂的食堂管理事务中解放出来，变成企业内部的“执法机关”，专门监督检查食堂承包商对法律、法规、企业规章制度的执行情况，做好成本核算监察，把好饭菜质量关。

三、选择食堂承包商的要点

选择食堂承包商，需要综合考虑其经营能力、管理规范、服务水平等情况，具体可从以下几点对食堂承包商进行衡量：

1. 经营管理

有完善的厨务管理规范制度，对企业的经营和运作状况有全面的认识和理解；管理者具备专业知识、行业经验，能全面掌握厨房运作；工作人员都经过严格的培训；日常作业有固定的标准和规范。

2. 菜品制作

能提前提供菜单；有营养师搭配菜肴，做到菜品营养均衡、菜色搭配合理；在有限的成本内，能给出最有价值的菜单；可提供多种餐别服务，最大限度地满足客户的需求。

3. 食材管理

具有规范的采购管理程序，对采购人员和供应商均有严格的管理和监督办法；能保证食材的多品种和高质量；有严格的进料检验程序，保证食材安全；有完善的责任追溯程序，责任人明确；有严格的仓储管理规范，物品放置合理规范，位置标示清楚明白。

4. 作业规范

有完善的初加工处理程序，严格的作业标准与要求，初加工处理能满足烹饪作业后续工序的需求；工作人员具有丰富的行业经验，接受过良好的厨艺技能培训，有完善的作业流程规范，杜绝人为因素造成质量事故。

5. 清洁卫生

有全面且深入的清洁处理过程，餐厨垃圾处理规范科学，能定期有效地采取消毒措施，能确保就餐环境和餐厨器具的干净卫生。

6. 巡回检验

具有严格的监控程序和办法，每个环节的责任都非常明确，能巡回检验，为作业及服务提供有力的保障。

7. 服务规范

有规范的服务模式和流程；工作人员着装统一，面带微笑，待人友好；就餐环境舒适、温馨。

四、监管食堂承包商的办法

1. 签订合同

与承包商及时签订承包服务合同，约束其行为，督促其履行义务。

2. 检查台账

督促承包商做好相应的财务及管理台账，以便对其进行检查评估。

3. 调查满意度

通过调查企业员工用餐满意度来督促承包商改进工作。

4. 约定保证金

在合同内约定保证金，用保证金督促承包商保证服务质量。

巩固训练

1. 请了解你所在学校食堂的经营管理模式，并整理出食堂存在的问题。
2. 请比较并评价你所就读小学、初中和高中学校食堂的优缺点，把结果填入下表。

学校	优 点	缺 点
小学食堂		
初中食堂		
高中食堂		

职业技能鉴定指导

一、知识技能复习要点

1. 食堂经营管理模式的种类；
2. 选择食堂承包商的要点；
3. 监管食堂承包商的方法。

二、模拟训练

（一）单项选择题

1. 食堂自办或食堂承包都是食堂经营管理的一种（　）

A．办法　　B．形式

C．模式　　D．行为

2. 选择食堂承包商，需要综合考虑其经营能力、服务水平和（　）

A．管理规范　　B．员工技术

C．领导才能　　D．知名度

3. 员工着装统一，面带微笑，待人友好，体现了食堂承包商哪方面的规范？（　）

A．作业规范　　B．卫生规范

C．形象规范　　D．服务规范

（二）多项选择题

1. 员工食堂外包后就成为一个怎样的经营实体？（　　）

A．自负盈亏　　B．自我发展

C．自我完善　　D．自主经营

2. 食堂承包商的经营管理水平主要表现在（　　）

A．完善的厨务管理规范制度　　B．管理者具备专业知识、行业经验

C．工作人员都经过严格的培训　　D．日常作业有固定的标准和规范

3. 监管食堂承包商的方法有（　　）

A．签订合同　　B．检查台账

C．调查满意度　　D．约定保证金

（三）判断题

1. 员工食堂外包后，企业行政部门就不用再管食堂。（　）
2. 衡量营养师搭配菜肴的水平是考查食堂承包商的菜品制作水平的方法之一。（　）
3. 考察食堂承包商的食材管理水平，要看其是否有规范的采购管理程序，不用

考虑采购人员水平如何。(　　)

4. 考察食堂承包商的作业规范，要看其是否有完善的初加工处理程序，其后续工序可以不考虑。(　　)

5. 考察食堂承包商的清洁卫生，要看其是否有全面、深入的清洁处理过程，是否能定期、有效地采取消毒措施，是否能确保就餐环境和餐厨器具的干净卫生。(　　)

（四）技能实训题

监管食堂承包商的手段之一是与其签订合同。请你就瑞祥公司和吃得好餐饮服务公司之间食堂外包的合作事宜，写出有关的合作内容及约束事项。

项目评价

项目实施评价表

评价任务	评价关键点	配分	自评分	互评分	教师评分
食堂管理	能理解食堂管理的要求	20			
	能掌握食堂管理的内容	20			
食堂外包模式	能认识食堂经营管理的模式	10			
	能理解食堂承包模式的优点	10			
	能把握选择食堂承包商的要点	20			
	能掌握监管食堂承包商的方法	20			
总　分		100			

项目二 员工宿舍监管

Project 2

项目概述

员工宿舍是员工休息、居住和生活的重要场所。舒适的环境、完善的设施、便利的服务，是员工安心休息、健康工作的重要保障。做好员工宿舍的监管工作，有助于创造温馨、和谐、优雅、舒适的员工居住环境，使员工得到充分的休息，从而保障企业的生产经营得到更好的发展。

本项目通过了解宿舍管理内容、掌握宿舍管理方法两个任务，引导你熟悉员工宿舍管理的要点及方法，从而习得员工宿舍管理工作的基本技能。

学习目标

1. 熟悉员工宿舍管理的内容；
2. 掌握员工宿舍管理的方法；
3. 能开展员工宿舍管理工作。

任务一 管理员工宿舍 Task 1

任务情境

随着瑞祥公司的发展，公司的规模越来越大，员工越来越多，员工宿舍的管理压力也与日俱增。行政部就怎样进一步加强员工宿舍管理的问题，召集宿舍管理委员会的成员召开了一次专题研讨会。会上首先肯定了过去员工宿舍管理工作取得的成绩，如管理制度完善、管理组织健全、日常管理有序、环境卫生优良、安全工作到位、物品管理规范等；同时大家也一致认为应该大力加强宿舍服务管理，使员工的宿舍生活质量得到进一步提升。会议结束后，行政部经理要求张敏就如何做好宿舍服务管理工作收集有关资料，了解其他企业的成功经验，以便切实提高公司员工宿舍的服务管理质量。

任务要求

1. 了解员工宿舍管理的主要内容。
2. 掌握员工宿舍管理内容的要点。

任务实施

根据任务情境，完成下列任务。

1. 分析情境材料，写出员工宿舍管理涉及的主要内容。

2. 结合班级卫生管理工作的做法，说说怎样才能做好员工宿舍的卫生清洁工作。

3. 员工宿舍管理最不能忽视的就是安全管理，请写出员工宿舍安全管理工作需要关注的内容。

技能要点

（1）员工宿舍管理的主要内容包括：设备管理、卫生管理、安全管理、服务管理。

① 宿舍设备管理的内容主要包括：设备使用科学、库房管理严格、物品配发规范。

② 宿舍安全管理的内容主要包括：安全制度、安全教育、安全检查。

③ 宿舍卫生管理的内容主要包括：公共区域管理、宿舍内部管理。

④ 宿舍服务管理的内容主要包括：做好常规服务、活跃文化生活、提供个性化服务。

相关知识

一、宿舍设备管理

1. 设备使用科学

设备要精心维护、及时检修，确保使用状况良好。对锅炉、电视机等重要物品，要单独建立账卡，由专人管理。

2. 库房管理严格

各类物品要分类摆放，做到无丢损、无霉烂，账实相符、摆放有序。

3. 物品配发规范

给住宿员工配发物品，要做到及时、准确、手续完备、账实相符。

二、宿舍安全管理

1. 安全制度

制定安全责任制，明确规定宿舍管理人员、服务人员、设备操作人员的安全责任和权利。建立会客登记制度，加强门禁管理。健全治安管理制度，防范违法乱纪行为的发生。建立消防管理制度，防止火灾事故的发生。

2. 安全教育

对锅炉工、电气工进行专业的安全技术培训，考核合格后才能上岗。对全体住宿员工进行安全法制教育，开展突发事件应急救护技能培训，使全体住宿员工增强法制观念，提高应急救护能力。

3. 安全检查

定期检查安全责任制的落实情况；定期检查机电设备与建筑设施的安全状况，发现隐患及时处理；定期检查消防设施的安全状况，发现损坏及时维修。

三、宿舍卫生管理

1. 公共区域管理

与宿舍相关的公共区域包括地面、走廊、楼梯、卫生间、淋浴房、天台、电梯等。公共区域的卫生由宿舍清洁工负责。卫生清洁实行白班制，随时保洁。

2. 宿舍内部管理

宿舍内部卫生由各房间住宿员工每日轮值负责。住宿员工应保持好个人卫生，妥善保管、有序摆放个人物品。

四、宿舍服务管理

1. 做好常规服务

充分发挥现有人员与服务设施的作用，做好常规服务，如提供与员工理发、洗澡、购买日用品、洗（缝）衣物、办理证件、收发邮件、订饭（病号饭、生日饭、团聚饭）、会客、看病、煎药等日常生活相关的服务项目。

2. 活跃文化生活

开设阅览室、电视室、游艺室，每天定时开放。每月举行小型文娱活动，元旦、春节、国庆节和劳动节等节假日举办相应的庆祝活动。

3. 提供个性化服务

调查员工个性化需求，开办新的服务项目，如给倒班的员工提供叫班服务、为少数民族员工代购（做）节日用（食）品、代员工接待客人、为员工转达客人留言、为单身员工举办交友联谊活动等。

巩固训练

1. 请实地参观了解某学校或工厂住宿人员的宿舍生活，写出你的参观感受。
2. 根据社会发展的形势，你认为企业员工宿舍的管理应该做好哪些方面的工作？

职业技能鉴定指导

一、知识技能复习要点

1. 员工宿舍管理的主要内容；
2. 宿舍设备管理、卫生管理、安全管理、服务管理的内容要点。

二、模拟训练

（一）单项选择题

1. 设备使用科学、库房管理严格、物品配发规范属于（　）

A．宿舍设备管理　　B．宿舍服务管理

C．宿舍安全管理　　D．宿舍卫生管理

2. 地面、走廊、楼梯、卫生间、电梯等区域的卫生属于（　）

A．集体卫生　　B．个人卫生

C．房间卫生　　D．公共区域卫生

3. 定期检查消防设施的安全状况，发现损坏及时维修属于（　）

A．宿舍设备管理　　B．宿舍服务管理

C．宿舍安全管理　　D．宿舍卫生管理

（二）多项选择题

1. 宿舍服务管理的内容包括（　　）

A．做好常规服务　　B．活跃文化生活

C．提供个性化服务　　D．卫生清洁

2. 宿舍安全管理需要做好哪方面的工作？（　　）

A．安全制度　　B．打击犯罪

C．安全教育　　D．安全检查

3. 库房管理严格就是要求（　　）

A．物品分类摆放　　B．物品无丢损

C．物品无霉烂　　D．物品账实相符

（三）判断题

1. 住宿员工不仅要维护好宿舍卫生，还应负责公共区域的卫生工作。（　）

2. 开展安全教育可以增强员工的法制观念。（　）

3. 宿舍内部卫生由各房间住宿员工每日轮值负责。（　）

4. 给住宿员工配发卧具等物品不需完备的手续。（　）

5. 宿舍服务管理应做好常规服务，兼顾提供个性化服务。（　）

（四）技能实训题

宿舍服务管理是企业人性化管理的重要内容之一，宿舍管理员在这项管理工作中能够发挥很大的主观能动作用，使住宿员工感觉到家的温暖。请问如何才能切实做好宿舍的服务管理工作？

任务二 规范宿管方法 Task 2

任务情境

高山公司因业务发展需要，准备开设员工宿舍，但是没人熟悉员工宿舍管理的方法。听说瑞祥公司员工宿舍管理很有经验，于是高山公司行政部一行四人来到瑞祥公司观摩学习。瑞祥公司张敏在领导的授意下，向对方介绍了员工宿舍管理的基本做法、有效经验等，还向对方赠送了一本瑞祥公司的《员工宿舍管理手册》，内有宿舍管理组织方法、宿舍管理规章制度、宿舍日常服务项目介绍、各种表格等内容。听了张敏的介绍，看了《员工宿舍管理手册》的内容，高山公司一行人对员工宿舍的管理有了较为深入的了解和认识，对开设员工宿舍有了十足的把握。

任务要求

1. 掌握员工宿舍管理的方法。
2. 理解员工宿舍管理的注意事项。

任务实施

根据任务情境，完成下列任务。

1. 请了解你所在学校学生宿舍的管理情况，写出学生宿舍的管理办法。

2. 请搜集一份宿舍管理的规章制度，归纳一下其中的内容要点。

3. 请谈谈你对宿舍管理员这个岗位的看法。

技能要点

（1）员工宿舍管理的方法包括五个方面：设立宿舍管理员、统一安排员工住宿、制定住宿管理制度、完善住宿设施、成立宿舍管理委员会。

（2）员工宿舍管理的注意事项主要有员工参与管理、照顾特殊情况、及时解决问题等。

相关知识

一、员工宿舍管理的方法

1. 设立宿舍管理员

企业要设立专门的宿舍管理员。宿舍管理员在行政部门指导下，开展宿舍管理工作。

宿舍管理员的工作职责有：做好宿舍楼内的卫生清洁工作；做好安全设施的维护工作；协助保安维护宿舍的正常秩序，制止员工的违规行为；保证宿舍水电的供应，发现问题及时处理；密切关注宿舍楼出入人员，注意防盗；监督员工安全用电用火，确保消防安全；办理员工入住、退住手续，分发、回收宿舍用品；定期统计住宿信息，便于调配管理；积极宣传法制法规，增强员工的法制观念和法律意识。

2. 统一安排员工住宿

宿舍管理员要健全住宿登记制度，设置《住宿员工一览表》，以准确掌握住宿员工的情况、房间安排的情况，杜绝私自调换床位和留宿他人的现象出现。

行政部门要及时做好住宿情况的统计分析，加快房间周转，提高房间床位的利用率。

3. 制定住宿管理制度

住宿管理制度要明确规定入住宿舍的条件、迁入迁出应当履行的手续、房间卧具分配的标准、员工住宿应当遵守的规范等。该制度经管理部门批准后，应制作成墙报张贴上墙或制作成宣传手册人手一册，广泛宣传，要求员工照章执行。

4. 完善住宿设施

设置总服务台及楼层服务台；安装电话；设置盥洗间、茶炉间、电视室、理发室、游艺室、阅览室、医务室、小卖部、治保室等；确保房间空间充足，采光、通风条件良好，有防晒、防暑、取暖设施；提供钢架床、被褥、蚊帐等卧具和脸盆、书架、暖水壶、茶杯、提水桶等生活用具。

5. 成立宿舍管理委员会

成立由行政部门、员工所在部门有关领导和住宿员工代表组成的宿舍管理委员会，定期召开会议，征询住宿员工的意见，改进员工宿舍管理工作。

二、员工宿舍管理的注意事项

（1）宿舍管理要充分调动住宿员工的积极性，引导员工积极参与宿舍的管理。

（2）日常管理在注重统一规范的同时，也要周全考虑员工的个性化需要。

（3）管理过程中如发现矛盾、问题，要及时化解、疏导，避免事态升级扩散。

巩固训练

1. 请你草拟一份《员工住宿情况一览表》，尽量涵盖员工的所有住宿情况。

2. 创建良好的居住环境，完善住宿设施至关重要，请你谈谈哪些措施可以有效完善住宿设施。

职业技能鉴定指导

一、知识技能复习要点

1. 掌握员工宿舍管理的方法；
2. 理解员工宿舍管理的注意事项。

二、模拟训练

（一）单项选择题

1. 在企业行政部门指导下专门开展宿舍管理工作的岗位是（　　）

A．宿舍管理员　　B．宿舍清洁工

C．宿舍保安　　D．行政经理

2. 宿舍管理要充分调动（　　）的积极性，引导其积极参与宿舍的管理。

A．宿舍管理员　　B．住宿员工代表

C．行政经理　　D．住宿员工

3. 由行政部门、员工所在部门有关领导和住宿员工代表组成的是（　　）

A．宿舍管理小组　　B．住宿员工委员会

C．宿舍管理委员会　　D．行政管理小组

（二）多项选择题

1. 住宿管理制度应该明确的事项有（　　）

A．入住宿舍的条件　　B．迁入迁出应当履行的手续

C．房间卧具分配的标准　　D．员工住宿应当遵守的规范

2. 宿舍健全住宿登记制度，设置《住宿员工一览表》的目的在于（　　）

A．准确掌握住宿员工的情况　　B．准确掌握房间安排的情况

C．杜绝私自调换床位的现象出现　　D．杜绝留宿他人的现象出现

3. 宿舍管理员的工作职责有（　　）

A．做好宿舍楼内的卫生清洁　　B．做好安全设施的维护

C．协助保安维护宿舍正常秩序　　D．保证宿舍水电的供应

（三）判断题

1. 宿舍管理员的职责就是管好宿舍的秩序，其他工作不用操心。（　　）
2. 住宿设施越简单越好管，不用配备太完善。（　　）
3. 住宿管理制度由宿舍管理员自行制订并执行。（　　）
4. 做好住宿情况的统计分析，可以加快房间周转，提高房间床位的利用率。（　　）

（四）技能实训题

在员工宿舍的日常管理中，经常会出现住宿员工不遵守规定，甚至违法犯罪的现象，如乱丢垃圾、私拉电线、留宿他人、私养宠物、偷窃财物、打架斗殴等。针对上述现象，你认为如何做才能更加有效地管理好员工宿舍？请说说你的建议。

项目评价

项目实施评价表

评价任务	评价关键点	配分	自评分	互评分	教师评分
管理员工宿舍	能掌握员工宿舍管理的主要内容	30			
	能理解员工宿舍管理内容的要点	20			
规范宿管方法	能掌握员工宿舍管理的方法	20			
	能理解员工宿舍管理的注意事项	30			
总　分		100			

项目三 日常用车监管

项目概述

车辆作为重要的现代交通工具，在企业的生产经营中发挥着非常重要的辅助作用。加强车辆的监管，可以有效提高车辆的利用率，从而降低成本，为企业创造更大的效益。

本项目将通过日常车辆使用、日常车辆维护、日常车辆报废换新三个任务，引导你熟悉车辆使用的程序、车辆维护的方法、车辆报废的条件、新车选购的方法，从而习得车辆管理工作的基本技能。

学习目标

1. 掌握车辆使用的程序；
2. 掌握车辆维护的方法；
3. 掌握车辆选购的方法。

任务一 使用日常车辆 Task 1

任务情境

××市将于2014年12月12日和13日在建国路113号国贸会展中心举办产品展销会，邀请了一批知名度高、受消费者青睐的企业参加。瑞祥公司也收到了邀请，决定派销售部经理等5人参加此次产品展销会。为此，销售部小高于2014年11月22日填写了《瑞祥公司用车申请单》，请部门经理签字后，向行政部提出了用车申请。行政部秘书张敏按照公司的用车规定，将《用车申请单》交行政部经理审批，经行政部经理同意后填写了《瑞祥公司派车通知单》，为销售部办理了派车工作。最终，销售部顺利地参加了此次展销活动，很好地展示了公司最近研制开发的一批新产品，进一步宣传了原有产品，扩大了公司的知名度。

任务要求

1. 明确车辆使用的范围。
2. 了解车辆使用的程序。
3. 掌握车辆使用的监管。

任务实施

根据任务情境，完成下列任务。

1. 分析情境材料，写出企业用车的流程。

2. 根据情境材料，整理出此次用车任务的各项信息。

用车部门		用车时间	
出车地点		随车人数	
用车事由			
填表人		填表时间	
审核人		审批人	

3. 根据用车任务信息填写《瑞祥公司用车申请单》。

瑞祥公司用车申请单

申请人		所在部门		申请时间	
用车时间		出车地点		随车人数	
用车事由					
部门经理意见			行政部经理意见		

4．根据上表，填写《瑞祥公司派车通知单》。

瑞祥公司派车通知单

用车人		所在部门		随车人数	
出车地点					
用车时间					
用车事由					
经办人			审批人		

技能要点

（1）车辆使用的范围包括：领导公务往来，接送来访宾客，支持公司活动，参与公司紧急事件应急处理，其他公务事项。

（2）车辆使用的程序为：申请—审批—调度—通知。

（3）车辆使用的监管包括：做好行车记录，调查用车反馈。

相关知识

一、车辆使用的范围

企业的日常用车仅指企业的公务用车，不涉及任何人员因处理私人事务的用车。车辆使用的范围一般包括：领导公务往来，接送来访宾客，支持公司活动，参与公司紧急事件应急处理，其他公务事项。

二、车辆使用的原则

企业日常车辆的使用，应当遵循安全、准时、节约、服务优质高效的原则，以确保企业各项工作顺利进行。

三、车辆使用的申请

1．用车申请

为了有效传达用车信息，企业各部门在需要使用车辆时，应该填写统一的《用车申请单》或《用车预订登记表》，将用车部门、用车人员、随车人数、用车时间、出车地点、用车事由、用车路线、车辆名称等信息填写完整，以便车辆管理部门审批派车。

2. 用车审批

用车人员填写《用车申请单》后需要将其交给部门负责人签字确认，然后报车辆管理部门负责人审批，未经批准不得擅自用车。

四、车辆的调派

1. 用车调度

如果企业业务部门较多，用车频繁，可以成立车队，配备多名专职司机，保证车辆随时待命。当几项用车申请同时下达时，行政部门需要根据用车业务的轻重缓急，进行必要的调度安排，以缓解用车紧张的矛盾。

2. 用车通知

行政部门接到用车申请，经过调度，确定好具体的派车任务后，需要将《派车通知单》分别交给用车部门和车队，告知双方具体用车信息和要求，以便双方及时联系沟通并完成出车任务。

五、车辆使用的监管

1. 做好行车记录

为了确保用车过程的安全和规范，行政部门应该在每辆车上放置《行车记录表》，由司机随时记录当天用车的情况，如行驶里程、油耗、车况等，并定期交行政部门检查备案。

2. 调查用车反馈

为了提高用车效率，加强司机的责任感和服务意识，用车部门用车结束后，应当按照行政部门的要求，根据实际用车情况填写《用车反馈表》，交行政部门保存。

六、车辆使用的注意事项

（1）车辆使用需要制定完善的规章制度，并严格遵照制度执行。

（2）车辆管理部门需要认真做好司机的培训，以提高出车服务质量。

巩固训练

1. 请问你对“公车私用”有什么看法？应该怎样杜绝这种现象？

2. 公司领导需要经常外出开展考察、外联等工作，用车频繁。那么，你认为应该怎样才能保证领导的公务用车？

职业技能鉴定指导

一、知识技能复习要点

1. 车辆使用的范围；
2. 车辆使用的程序；
3. 车辆使用的监管。

二、模拟训练

（一）单项选择题

1. 企业车辆使用的范围不包括（　）

A．领导公务往来　B．接送来访宾客　C．支持公司活动　D．私人应急

2. 行政部门经过调度，确定好具体的派车任务后，就需要填写（　）

A．《用车申请单》　B．《行车记录表》　C．《派车通知单》　D．《用车反馈表》

3. 在车上放置《行车记录表》，记录用车的情况，其主要目的在于（　）

A．监督司机　B．确保用车过程的安全与规范

C．便于维护　D．了解车况

（二）多项选择题

1. 企业车辆的使用应当遵循的原则是（　　）

A．安全准时　B．节约成本　C．服务优质高效　D．公开透明

2.《用车申请单》需填写的信息有（　　）

A．用车部门　B．用车人员

C．随车人数　D．用车时间

3. 加强车辆使用的监管，可以采用以下办法：（　　）

A．司机填写《行车记录表》　B．用车人员填写《用车申请表》

C．调查行车路线　D．用车部门填写《用车反馈表》

（三）判断题

1. 企业紧急事件应急处理不能使用企业车辆。（　）
2. 用车申请必须经车辆管理部门负责人审批同意后方可通过。（　）
3. 为了缓解用车紧张的矛盾，行政部门需要进行必要的调度安排。（　）
4. 为了确保用车过程的安全与规范，应该由车辆管理部门记录当天用车的情况。（　）
5. 车辆管理部门应认真做好司机的培训，以提高出车服务质量。（　）

（四）技能实训题

企业车辆使用的程序是：申请—审批—调度—通知，而且这些工作均需提前完成，而非当日用车当日办理。然而，紧急事件的应急处理用车却不能提前申请办理，因为谁也无法预料紧急事件的发生时间。那么，这项用车任务的手续该怎样办理呢？请说说你的看法。

任务二 维护日常车辆 Task 2

任务情境

瑞祥公司在创立之初由于资金有限，购置公务用车时没有买新车，而是买了一辆二手车。这辆二手车在A司机的日常维护下行驶正常，几乎没有出现过什么问题。但是，后来换了B司机之后，问题就接踵而来。各部门用车后多有微词，纷纷反映空调不制冷、车内有异味、脚垫上有垃圾、车身有污渍、响动异常、车灯有损坏等，严重影响了日常公务的顺利开展。行政部经理为此头痛不已，因为他知道B司机是总经理的亲戚，不好得罪。不过如今必须解决此事，不能再拖了。于是，他要求张敏详细了解车辆维护中存在的问题，形成书面报告，交总经理过目。

任务要求

1. 了解车辆维护保养的方法；
2. 了解车辆维护保养的基本原则。

任务实施

根据任务情境，完成下列任务。

1. 讨论：为什么司机的更换会使车辆的维护出现这么大的问题？

2. 讨论：车辆的日常维护应该做好哪些方面的工作？请填写下表。

项目	内容	项目	内容
外观		证件	
卫生		油料	
声响		工具	
仪表		器材	
机器		车损	
电瓶		故障	

3. 怎样才能使车辆的维护保养工作做得更到位?

4. 请代司机填写《瑞祥公司车辆报修单》。

瑞祥公司车辆报修单

车牌号		报修人		报修时间	
报修项目					
损坏原因					
修理厂家					
预算金额					
管理员意见		行政部经理意见			

技能要点

(1)车辆维护保养的分类包括:日常保养、技术保养、换季保养。

(2)车辆维护保养的方法有:出车检查、做好维修。

(3)车辆维护保养的基本原则是:预防为主、据实维护、质量第一、养用并重。

相关知识

一、车辆维护保养的分类

1. 日常保养

(1)做好日常保养。日常保养要做好车辆的机械技术、随车用品、消防器材、车容整洁度等日常检查;对影响车辆行驶安全、可能引发机械故障的技术隐患,应立即加以排除。

(2)根据厂家要求坚持定期保养。

2. 技术保养

(1)一级保养。一级保养的重点是润滑、紧固,其主要内容有:检查车辆的螺栓、螺母,加注润滑油,清洗空气滤清器,排除故障等。一级保养后,应做到车容整洁,车辆各零部件连接牢固,车辆整体装备齐全,不漏油、水、气、电,润滑良好。

(2)二级保养。二级保养的重点是检查、调整,其内容除执行一级保养的项目外,还要检查、调整发动机、底盘以及电器设备的状况。

(3)三级保养。三级保养的重点是对汽车总成进行解体、检查、清洗,排除隐患,改善技术状况,做好技术鉴定。

3. 换季保养

(1)在进入冬季前,组织驾驶员和保修人员学习汽车冬季行驶的基础知识,如汽车对燃油、润滑油的不同要求，发动机的启动方法，汽车在冰雪道路上行驶的操作安全等。要储备好防冻、防滑物资，如防滑链、沙包、铁铲等。

（2）在进入夏季前，对汽车制冷系统、蓄电池、制动系统、轮胎等进行一次换季保养。

二、车辆维护保养的方法

1. 出车检查

（1）短途出车检查。短途出车需要检查票证、路单是否齐全，随车的工具是否齐备；核对《行车记录单》信息和车辆仪表数字是否相符；检查喇叭、雨刮器、照明、发动机的声音、各种仪表及指示灯是否正常，如发现故障，要马上报修。

（2）长途出车检查。长途出车需要检查燃油、冷却液、润滑油等是否充足，制动器、离合器、总泵油的情况是否正常，轮胎的气压是否符合要求，轮胎的螺丝是否紧固，方向机、传动轴、转向器、转向横直拉杆的连接是否紧固，如发现故障，要马上报修。

2. 做好维修

（1）汽车大修。汽车行驶一定里程之后机件会严重磨损，技术性能会下降，各总成需要进行一次恢复性的修理，以恢复汽车的各项技术性能，从而延长汽车的使用寿命。

（2）总成大修。汽车经过一定里程的行驶后，其总成基础部件和主要零件会出现磨损、破裂、变形现象，需要拆卸进行大修，以恢复其技术性能。

（3）汽车小修。汽车小修是一种运行性修理，主要是为了消除汽车在行驶过程中发生的临时故障或局部损伤。

（4）零件修理。零件修理是对磨损、变形而不能继续正常使用的零件的修理，它是节约维修费用的重要措施。

三、车辆维护保养的管理

（1）车辆维护保养一般由企业行政部门主管，由驾驶员负责进行具体维护。

（2）汽车需要更换零配件或进行维修时，驾驶员须填写《车辆报修单》并报行政部门审批。

（3）车辆维护应制订相应的规章制度，明确管理规范和维护要求。

（4）车辆维护应做好相应的书面记录，以便监督管理。

四、车辆维护保养的基本原则

（1）坚持预防为主的原则，在车辆机件受损之前预见性地做好保养工作。

（2）坚持据实维护的原则，根据现实条件、磨损情况、紧急程度，实事求是地维护保养车辆。

（3）坚持质量第一的原则，加强维护保养质量检验，使维护保养达到预期的效果。

（4）坚持养用并重的原则，要处理好车辆使用和保养的关系，克服重使用、轻保养的思想。

巩固训练

1. 请实地参观某汽车修理厂或汽车 4S 店，现场了解汽车检查、维修的过程。
2. 请查阅汽车养护的有关知识，写出油漆刮擦修补的处理方法。

职业技能鉴定指导

一、知识技能复习要点

1. 车辆维护保养的分类和方法；
2. 车辆维护保养的基本原则。

二、模拟训练

（一）单项选择题

1. 车辆机械技术、消防器材、随车用品等日常检查工作属于（　）

A．日常保养工作　B．定期保养工作　C．技术保养工作　D．换季保养工作

2. 对磨损、变形而不能继续使用的零件的修理属于（　）

A．汽车大修　B．总成大修　C．零件修理　D．汽车小修

3. 车辆维护保养一般由哪个部门主管？（　）

A．公关部门　B．销售部门　C．使用部门　D．行政部门

（二）多项选择题

1. 车辆技术保养分为（　　）

A．一级保养　B．二级保养　C．三级保养　D．四级保养

2. 车辆出车检查包括（　　）

A．短途出车检查　B．派车前检查　C．长途出车检查　D．用车前检查

3. 车辆维护保养的基本原则是（　　）

A．预防为主　B．据实维护　C．质量第一　D．养用并重

（三）判断题

1. 汽车一级保养后，应达到不漏油、不漏水、不漏气、不漏电的标准。（　）
2. 汽车小修主要是为了消除汽车在行驶过程中发生的临时故障或局部损伤。（　）
3. 车辆需要维修，可以直接进行，不用报行政部门审批。（　）
4. 养用并重的原则，就是要处理好车辆使用和保养的关系，克服重使用、轻保养的思想。（　）
5. 汽车夏季保养的重点是防雨、防雷、防锈。（　）

（四）技能实训题

企业车辆的维护保养基本由驾驶员负责落实，驾驶员是否尽职尽责，直接关系到车辆的安全和性能，也间接关系到企业用车员工的安全。由此可见，驾驶员在车辆的维护保养中起着至关重要的作用。请你谈谈怎样才能更好地增强驾驶员的责任意识，发挥他们的工作积极性，使其做好车辆的维护保养工作。

任务三 日常车辆报废换新

Task 3

任务情境

随着瑞祥公司的发展壮大，公司对员工素质、办公环境、产品质量、售后服务等都提出了越来越高的要求，对公务用车的要求也随之提高。公司开创之初购买的那辆二手车，已经不能满足现在业务发展的需要。那辆车不仅车型老气，外观陈旧，更为重要的是，它的使用年限已到。为了满足公司用车的需要，使用车服务跟上公司发展的步伐，公司决定报废那辆二手车，同时另行购置一辆新车。现在这两项任务落在了秘书张敏的身上，她不敢怠慢，立即着手处理车辆的报废换新工作。

任务要求

1. 了解车辆报废的条件。
2. 理解车辆购置的原则。
3. 掌握车辆购置的程序。

任务实施

根据任务情境，完成下列任务。

1. 查阅资料，了解我国有关车辆报废年限的规定。
2. 讨论：办理车辆报废需要准备哪些材料？
3. 讨论：购置新车需要考虑哪些问题？

技能要点

（1）车辆报废的一般条件有：性能低劣、修复费用高、因事故损毁、车辆无法维修。

（2）车辆总成报废的条件有：发动机损坏、变速器损坏、前轴损坏、后桥损坏、车架损坏。

（3）车辆购置应注意的两个问题：车辆选购的原则、车辆选购的程序。

① 车辆选购的原则包括：适用原则、经济原则、配套原则。

② 车辆选购的程序是：选好车种车商—做好接收检验—做好新车用前维护—建立《车辆技术档案》。

相关知识

一、车辆的报废

1. 车辆报废的一般条件

（1）性能低劣。长期使用之后，车身及发动机严重老化，确实已无法使用。

（2）修复费用高。虽然可以修复，但修复费用超过购置同类新车费用的一半以上。

（3）因事故损毁，无修复价值。

（4）车辆无法维修。如部分进口车辆车型特殊，或车型老旧已被淘汰，配件供应无保障，无法修复，不能进行技术改造。

2. 车辆总成报废的条件

（1）发动机损坏。汽缸盖、汽缸体、凸轮轴、曲轴严重损坏，无修复价值。

（2）变速器损坏。变速器壳、变速器盖、第一轴、第二轴、中间轴严重损坏，无修复价值。

（3）前轴损坏。转向节、工字梁严重损坏，无修复价值。

（4）后桥损坏。后桥壳、减速器、差速器严重损坏，无修复价值。

（5）车架损坏。纵横桥梁严重变形、断裂或严重锈蚀，已多次加固校正，无修复价值。

二、车辆的购置

1. 车辆选购的原则

（1）适用原则。所选购的车辆能够适应企业多个层次、多个方面工作任务的需要。

（2）经济原则。所选购的车辆经济实用，物美价廉。

（3）配套原则。所选购的车辆品种齐全，比例协调。

2. 车辆选购的程序

（1）选好车种车商。先确定车种，然后再选定车商。应该多考虑几家车商，可以参观4S店现场样车，进行必要的试乘试驾，与车商商谈价格及附带条件。综合比较后再做出购买决定，并签订购买合同。

（2）做好接收检验。接收新购车辆，必须按合同规定及有关文件，根据车辆清单、装箱清单以及原厂说明书进行验收，并清点附件、随车工具，如有不符，拒绝验收。必须仔细检查车体外观，如有划痕、色差、凹凸等情况，拒绝验收。

（3）做好新车用前维护。新车使用前，要除去机件外部与内部的包封和保护填充物；有滑脂保护层的，要用溶剂加以清除。还应根据原厂说明书，进行一次检查、清洗、紧固、调整和润滑作业。

（4）建立《车辆技术档案》。接收新车后应及时建立《车辆技术档案》，以便加强管理。《车辆技术档案》需注意以下两点：

①《车辆技术档案》的内容应完善。档案主要记载车辆的投产日期、来源、原值、技术性能、基本装备、行驶里程、修理次数及间隔里程，车辆的调动、改装、停驶、复驶、封存、车损、轮胎、燃油等情况。

② 做好《车辆技术档案》的登记。车辆调动、牌照变更、停驶、复驶、封存、改装、车损等情况皆由行政部门负责登记。车损事故处理结案后，车损情况和处理结果由驾驶员负责登记。车辆日常运行情况由驾驶员负责登记。保修情况和车辆保修技术数据由承修厂负责登记。

巩固训练

1. 请查阅资料，了解我国车辆报废的工作流程。
2. 请前往汽车 4S 店，实地体验车辆购置的过程。

职业技能鉴定指导

一、知识技能复习要点

1. 车辆报废的条件；
2. 车辆选购的原则；
3. 车辆选购的程序。

二、模拟训练

（一）单项选择题

1. 发动机损坏符合车辆报废的哪个条件？（　）

A．一般报废条件　B．总成报废条件　C．客观条件　D．必要条件

2. 接收新车必须要做好（　）

A．采购　B．保养　C．检验　D．其他

3. 车损事故处理结案后，车损情况和处理结果由谁负责登记？（　）

A．车辆管理部门　B．车辆驾驶员　C．车辆维修人员　D．保险公司

（二）多项选择题

1. 车辆选购应该遵循的原则是（　）

A．适用　B．耐用　C．经济　D．配套

2. 新车用前维护的内容有（　　）

A．紧固　　B．清洗　　C．调整　　D．润滑

3. 建立《车辆技术档案》，涉及的内容有（　　）

A．车辆的来源　　B．基本装备　　C．技术性能　　D．行驶里程

（三）判断题

1. 车辆长期使用后，车身和发动机会严重老化，虽能使用，也得报废。（　）
2. 选购车辆要考虑能否适应企业多个层次、多个方面工作任务的需要。（　）
3. 接收新购车辆时，应清点附件、随车工具，如有不符应拒绝验收。（　）
4. 凡车辆调动、牌照变更、停驶、封存等情况都要记入《车辆技术档案》。（　）

（四）技能实训题

每当公司换车，有些领导总喜欢购置名牌进口车，觉得上档次、有面子。当然，进口车确实有自己的优势，如品牌好、性能好、售后服务好。但是进口车的购车费用高、保养代价大也是不争的事实。相对而言，国产车则虽可能有性能不出众的缺点，却有费用低的优势。请你根据车辆购置的基本原则，谈谈购置新车究竟该买进口车还是国产车。

项目评价

项目实施评价表

评价任务	评价关键点	配分	自评分	互评分	教师评分
日常车辆使用	能明确车辆使用的范围	10			
	能掌握车辆使用的程序	20			
	能规范监管车辆的使用	10			
日常车辆维护	能掌握车辆维护保养的方法	20			
日常车辆报废换新	能了解车辆报废的条件	20			
	能掌握车辆购置的程序	10			
	能理解车辆购置的原则	10			
总　分		100			

模块四 Module 4 人力资源管理

模块概述

人力资源管理是指对人力资源的生产、开发、配置、使用等诸环节所进行的计划、组织、指挥和控制的管理活动。人才录用、入职、迁调、奖惩、社保、离职等政策措施是否得当，直接关系到企业竞争的成败。市场竞争的实质是人才的竞争，而人力资源管理就是对人的管理，因此越来越多的企业日益重视人力资源的管理工作。

通过本模块的学习，你将习得员工录用、入职、任免、迁调、奖惩、社保、离职等人力资源管理工作的技能。

项目一 员工入职管理

Project 1

项目概述

员工录用是招聘的结果。在招聘考核中选拔出来的合格人员，只有办理了一定手续，才能成为企业员工。录用手续的办理是确定员工身份的依据。员工收到正式录用通知后，还要经过入职报到，登记信息，签署劳务合同等录用程序，才能正式成为企业员工。

本项目以情境案例为线索，围绕员工录用和入职手续的办理任务，引导你习得员工录用和入职办理工作的技能。

学习目标

1. 能熟练办理员工录用手续；
2. 能熟练办理员工入职手续。

任务一 办理员工录用

Task 1

任务情境

瑞祥公司为规范管理，将原行政部更名为人事部。随着国内外业务的拓展，瑞祥公司各个部门都需要增加人员。因此公司决定面向社会公开招聘10名员工：1名总监、1名经理、2名销售主管、4名业务员、2名秘书。要求具有××市户口，中专以上学历，沟通能力强。掌握现代办公手段、通过三级公共英语考试者优先录用。李欣和赵蕊是××职业学校文秘专业的毕业生，上个月她们来瑞祥公司应聘秘书岗位。经过层层选拔，瑞祥公司的人事部向李欣发出了录用通知，向赵蕊发送了辞谢信。人事部经理把新员工录用需办理的相关事宜交给了刚调岗到人事部的秘书张敏来完成。

任务要求

1. 理解员工录用的原则。
2. 掌握办理员工录用的程序。
3. 协助张敏设计一份《录用通知单》和一封《辞谢信》。

任务实施

根据任务情境，完成下列任务。

1. 讨论：录用员工一般要遵循哪些原则？

2. 本次瑞祥公司对不同级别岗位员工的招聘与录用，其权限的归属是不同的。请在下表中勾出不同级别对象对此次招聘与录用工作的呈报、初核、复核和审批的权限。

瑞祥公司招聘与录用权限表

对象	用人部门				人事部				主管总监				副总裁			
	呈报	初核	复核	审批	呈报	初核	复核	审批	呈报	初核	复核	审批	呈报	初核	复核	审批
总监级																

续表

经理级																
主管级																
员工级																

3. 讨论：李欣被瑞祥公司录取会经过哪几个录用程序？

4. 请协助张敏给李欣发送一份《录用通知单》，给赵蕊发送一封《辞谢信》。

（1）录用通知单

（2）辞谢信

技能要点

（1）员工录用的原则包括：因事择人、任人唯贤、用人不疑、严爱相济。

（2）员工录用的程序为：录用决策—录用体检—录用通知—录用调查—录用面谈—正式录用。

相关知识

员工录用是指从通过招聘选拔层层筛选出来的候选人中选择符合企业需要的人，做出最终的录用决定，通知其报到并办理入职手续的过程。

一、员工录用的原则

1. 因事择人原则

因事择人就是以事业的需要、岗位的空缺为出发点，根据岗位对任职者的资格要求来选择人员。这就要求企业根据工作的需要来招聘员工，严格按照人力资源规划的供需计划来吸纳每名员工，不能根据用人部门领导或人事部门领导的个人需要或“长官”意志配备人员，也不能借工作需要来达到个人的某种目的。只有这样，才能人尽其才、人适其事，使人与事科学地结合起来。

2. 任人唯贤原则

任人唯贤，强调用人要出于“公心”，以事业为重，而不是以自己的“小圈子”为重、以“宗派”为重，只有这样，才能做到大贤大用、小贤小用，做到任人唯贤。这是衡量管理者是否称职的标准之一。当然，任人唯贤原则还需要有其他条件作为基础，如需要部门领导对每一个工作岗位的责任、义务和要求非常明确，懂得鉴别人才，掌握基本的人才测试、鉴别、选拔方法，清楚什么样的岗位应该安排什么样的人才。管理者只有对所任用的员工了如指掌，并能及时发现人才，用人得当，才能使每个人都充分施展自己的才能。

3. 用人不疑原则

用人不疑原则要求管理者对员工给予充分的信任与尊重。如果对下属怀有疑虑，不如干脆不用。既然要用，就一定要明确授权，大胆任用，使他充分发挥才干。事实上，试用期员工与正式员工在使用上并无本质差异，关键是管理者能不能给他们充分的信任与权限，大胆放手让他们在岗位上发挥自己的才能。

4. 严爱相济原则

员工在试用期间，管理者必须为其制定工作标准与绩效目标，对其进行必要的考核。考核可从下面几个方面进行：能力及能力的提高、工作成绩、行为模式及行为模式的改进等。对试用期员工，管理者应在生活上给予更多的关怀，尽可能地帮助他们解决后顾之忧；在工作中要指导帮助员工取得进步，用情感吸引他们留在组织中；同时，从法律上保证员工享受应有的权利。这些对激发员工的工作积极性，使其长期稳定地努力为企业工作是非常有利的。

二、员工录用的程序

录用是整个招聘工作的决定性阶段，包括录用决策、录用体检、录用通知、录用调查、录用面谈和正式录用等方面。

1. 录用决策

录用决策是对选拔评价过程中获取的信息进行综合分析与评价，确定每一个候选人的能力特点，并根据预先设计的员工录用标准挑选合适人员的过程。在做出录用决策时，应时刻遵循招聘的黄金法则——能岗匹配，最合适的就是最好的，而最好的不一定是最合适的。同时也要根据不同级别权限分别进行呈报、初核、复核和审批。招聘与录用权限表样例见表 4-1。

表4–1 招聘与录用权限表

对象	用人部门				人事部*				主管总监				副总裁			
	呈报	初核	复核	审批	呈报	初核	复核	审批	呈报	初核	复核	审批	呈报	初核	复核	审批
总监级					√	√					√					√
经理级	√					√					√					√
主管级	√					√					√	√				
员工级	√					√					√	√				
辅助级	√					√					√	√				

* 行政部与人事部本为两个部门，有的企业将两者归为一个部门统称人事部或行政部。

2. 录用体检

身体健康是开展工作的基础，进行录用前的体检主要有以下四个方面的作用：

（1）确定求职者是否符合岗位对身体的要求；

（2）建立求职者的健康记录，为做好未来的保险或员工的赔偿提供依据；

（3）降低缺勤率和事故，发现员工可能不知道的传染性疾病；

（4）体检资料还可以用于研究员工的某些体力、能力特性是否与绩效水平相匹配。

3. 录用通知

通过了上述两项程序，人事部将人员录用结果反馈给公司上级进行审批（特殊岗位须先进行背景调查），对被录用人员发出录用通知，通知被录用人员报到。录用通知一般要以信函的方式及时发出，在录用通知中，要说明报到的时间、地点及程序等内容，同时向被录用人员表示欢迎。

另外，要对未被录用人员发出辞谢通知。辞谢通知可以用信函或电话的方式发出，语气应委婉礼貌。发辞谢通知有助于树立良好的企业形象，也有利于今后招聘工作的开展。

4. 录用调查

录用调查是指对拟定录用人员进行背景调查，即对拟定录用人员与工作有关的一些背景信息进行查证，以确定其任职资格。通过背景调查，一方面可以发现拟定录用人员过去是否有不良记录；另一方面，也可以对拟定录用人员的诚信进行考查。

（1）调查时间。背景调查最好安排在面试后与上岗前的间隙，此时，只剩下为数不多的将被录用的人员，调查工作量小；经过几次面试，人事部对他们介绍的资料已经熟悉掌握，在调查时更有针对性。

（2）调查内容。调查内容一般分为两类：一类是学历文凭的真实性、任职资格证书的有效性；另一类是职位要求的相关工作经验、技能和业绩。背景调查不必面面俱到。

（3）调查操作。可以委托一家具有良好声誉的咨询公司，提出需要调查的内容和时限要求即可。如果工作量较小，也可以由人事部操作。

5. 录用面谈

录用面谈对于企业、个人都有着非常重要的意义。一方面，可以进一步加深企业对新员工的了解，如通过面谈可以了解到新员工的家庭情况、兴趣、个性特征、个人理想和规划等；另一方面，也可以加深新员工对企业的了解，因为在录用面谈时，气氛比较轻松、融洽，新员工可以进一步询问自己感兴趣的话题，如薪酬待遇、培训机会、福利等，进一步了解企业的文化和制度。

录用面谈的执行者要根据录用职位的高低来确定。高层管理人员一般由董事长、总经理面谈；中层管理人员由分管业务的副总经理面谈；一般的基层员工由部门主管或人事主管面谈。

6. 正式录用

当一名职位候选人经过层层选拔被录用后，在正式进入新单位工作前，还要经过以下一些录用程序。

（1）签订《聘用意向书》。行政经理与被录用员工签订《聘用意向书》，双方签字后生效，人事部保留原件，被录用员工留存复印件。

（2）出具原单位离职证明。被录用人员前往原单位开具离职证明，并加盖原单位公章或人事章。

（3）体检合格。被录用员工前往指定医院进行身体检查，并将体检结果交人事部，以确保身体条件符合录用职位的要求。

（4）领取《入职介绍信》。被录用人员到人事部领取《入职介绍信》，将人事档案从原单位或人事档案代管机构转入新单位的人事档案管理机构。

（5）录入员工信息。人事部要在电脑上录入被录用员工的信息，与新员工确定正式入职的时间。

（6）填写《档案登记表》，签订劳动合同，办理转移手续。新员工填写《档案登记表》，并签订劳动合同，办理各种福利转移手续。

三、录用通知、辞谢信模板示例

录用通知

尊敬的______先生 / 女士：

上周五与您的会面非常愉快。现在我们很高兴地通知您，我们公司向您提供______岗位。接受该岗位的工作意味着您应该完成下列的工作职责（略），并对______负责。您的基本工资是每月______元。

我们很希望您能接受该岗位的工作。我们会为您提供较好的发展机会与优厚的待遇。我们很希望您能在______月______日之前答复我们。如果您还有什么疑问，请尽快与 ×× 联系。他的联系电话是 ×××××××××××。期望尽快得到您的答复。

人事部

年　月　日

辞谢信

尊敬的______先生 / 女士：

十分感谢您对我们公司______职位的青睐。您在应聘中的良好表现，给我们留下了深刻的印象。但是很遗憾，由于名额有限，这次我们未能聘用您。我们已经将您的有关资料备案，并会保留半年。

一旦有了新的职位空缺，我们会优先考虑您。希望您能理解我们的决定。再次感谢您对我们公司的信任和支持！

此致

敬礼

人事部

年　月　日

巩固训练

1. A 公司是电脑销售公司，现正值销售旺季，需要招聘一批业务员。几名新员工经过层层选拔后被录用并培训上岗了。新来的业务员李明与代理商天地公司签订了一个金额为 200 万元的电脑销售合同，货发出后却迟迟不见回款，A 公司找到天地公司办公地点却发现已人去楼空。因此，公司辞退了业务员李明，最后律师调查发现，李明是天地公司最大的股东，另外还发现他的毕业证书是假的。A 公司的问题出在哪儿？请结合相关知识，谈谈你的启示。

职业技能鉴定指导

一、知识技能复习要点

1. 员工录用的原则；
2. 员工录用的程序。

二、模拟训练

（一）单项选择题

1. 录用背景调查的时间最好安排在（　）

A. 面试前　　B. 录用面谈后

C. 在面试后与上岗前的间隙　　D. 上岗后

2. 录用面谈的执行者要根据录用职位的高低来确定，基层员工面对的谈话对象是（　）

A. 部门主管或人事主管　　B. 总经理

C. 董事长　　D. 分管业务的副总经理

3. 录用通知发出的方式是（　）

A. 电话　　B. 传真　　C. 短信　　D. 信函

（二）多项选择题

1. 员工录用的原则有（　　）

A. 因人设职原则　　B. 任人唯亲原则　　C. 用人不疑原则　　D. 严爱相济原则

2. 下列属于员工录用程序的是（　　）

A. 录用决策　　B. 录用通知

C. 录用面谈　　D. 正式录用　　E. 录用调查

3. 在录用面谈时，气氛比较轻松、融洽，新员工可以进一步询问自己感兴趣的话题，如（　　）

A. 薪酬待遇　　B. 培训机会　　C. 福利　　D. 企业文化和制度

（三）判断题

1. 在做出录用决策时，应该时刻遵循招聘的黄金法则——能岗匹配。（　）
2. 对未被录用人员要发出辞谢通知。（　）
3. 录用调查是指对拟定录用人员和不被录用人员都进行背景调查。（　）
4. 录用面谈可以进一步加深企业对新员工的了解。（　）
5. 在录用通知中，要说明报到的时间、地点及程序等内容。（　）

（四）技能实训题

张兰是大地公司的一名销售员，上个月她去天阳公司应聘销售部副经理之职。经过层层选拔，今天她收到了天阳公司的录用通知。在正式进入该公司工作前，她还需要经过哪些录用程序，办理哪些录用手续？

任务二 办理员工入职 Task 2

任务情境

今天是瑞祥公司新员工的报到日，张敏要接待上个星期被公司录用的李欣等人，安排他们填写信息并做好归档工作。李欣领到登记表后，在张敏的指导下按要求填写了相关信息，顺利地完成了报到、登记等入职手续。

任务要求

1. 掌握新员工报到接待工作的相关知识。
2. 掌握新员工登记签署工作的相关知识。
3. 制作一份《员工入职信息登记表》。
4. 了解签订劳动合同（或协议）的流程及相关法律条款。

任务实施

根据任务情境，完成下列任务。

1. 协助张敏做好新员工报到的准备工作。

受理新员工入职应做的准备工作	新员工报到当天应做的准备工作

2. 讨论:《员工入职信息登记表》应该包含哪些内容?

3. 协助张敏制作一份《员工入职信息登记表》。
4. 制订一份劳动合同（或协议）。
5. 模拟办理新员工入职报到接待、登记、签署入职材料等工作。

技能要点

（1）新员工报到接待工作的要点为：通知携带相关资料，做好报到准备、引导、接待验证等工作。

（2）新员工登记签署工作的要点为：发放填写登记表，发放签署入职材料（劳动合同与报到单），归档入职材料。

相关知识

一、报到接待工作

在企业做出新员工录用的决策之后，人事部要及时通知有关人员到医院进行体检，体检合格者应携带有关证件和材料按照要求的时间到人事部或行政部办理入职手续。入职工作主要有如下几点：

1. 通知携带相关材料

在新员工入职报到时，企业一般会要求员工提交免冠照片，身份证、毕业证、学历/学位证、职业资格/技能证等证书的原件及复印件，原工作单位已解除劳动合同关系的书面证明，国家承认医疗机构（企业指定医疗机构）的体检结果原件等。已办理社会保险和缴纳住房公积金的新员工还应提交医疗保险手册、原单位出具的社会保险转移证明和住房公积金转移通知书的原件及复印件等。

2. 做好报到准备工作

一般而言，新员工在接到企业的录用通知后，应携带身份证等有效证件前来企业报到，在受理新员工报到时，人事部应做好相应的准备工作。

（1）新员工入职受理准备工作

新员工进入企业前，人事部或行政部应做好如下入职受理准备工作：准备好报到所需物品，如各类证章、员工制服等；需要名片的部门有新员工入职时，提前印制好名片；制作报到当天的活动计划表。

（2）新员工报到当天的准备工作

新员工报到当天，人事部应做好如下准备工作：提前到公司，因有些新员工会早到；准备新员工休息室；休息室里放置黑板，公布当天的所有预定日程；休息室里放置一些插花或盆景等。

3. 做好引导工作

做好新员工的入职引导工作有利于减少新员工的焦虑感，使其尽快熟悉工作环境，适应工作岗位。在新员工入职之前，人事部应与用人部门的负责人进行沟通，安排新员工的引导工作。引导人可以由人事部的人员担任，也可由用人部门的老员工担任。

4. 做好接待验证工作

在新员工报到当天，人事部应做好入职接待工作，给新员工留下良好的第一印象：告知新员工办理入职手续的基本程序，并对新员工提交的证件及材料进行认真审核。

二、登记签署工作

对材料齐备并通过审核的新员工，人事部应向其发放入职材料、与其签署基本的入职材料以便日后管理。

1. 发放填写登记表

《中华人民共和国劳动合同法》（以下简称《劳动合同法》）第二章第七条规定，用人单位自用工之日起即与劳动者建立劳动关系。用人单位应当建立职工名册备查。

《员工入职信息登记表》（见表 4-2 和表 4-3）用于采集新员工的基本信息，便于日后管理。其主要内容包括入职日期、职工编号、工作（岗位名称）、姓名、性别、出生日期、学历、专业、毕业院校、技能及证书、工作简历、照片、住址、联系方式等。

表4–2 员工入职信息登记表1

工作（岗位名称）： 职工编号： 入职日期： 年 月 日

姓名		性别		出生日期		照片
身高		体重		民族		
政治面貌		婚姻状况		健康状况		
专业		学历		计算机水平		
毕业院校			身份证号			
家庭住址						
固定电话			移动电话			
技能及证书						
工作简历	起止时间	工作单位		职务	主要工作	离职原因
直系亲属	关系	姓名	年龄	工作单位		职务
是否公司员工介绍			介绍人			
特长及兴趣						

续表

最看重公司哪几项	□工资待遇　□升职机会　□人际关系　□工作环境　□福利保险 □工作时间　□工作量　□主管水平
录取后的个人志愿	
综合自我评价	

本人保证以上登记资料属实，并对其真实性负责。

签名：　　　　　年　月　日

用人部门（单位）意见：	人事部（办公室）意见：	公司领导审批：

表4–3　员工入职信息登记表2

工作（岗位名称）：　　　　　　　　　　　　　　　　　　入职时间：　年　月　日

姓名		性别		出生日期	年　月　日	照片
曾用名		体重		身高		
民族		籍贯		婚姻状况		
政治面貌		健康状况		血型		
身份证号				E-mail		
户口类型	□农业　□非农业			户口所在地	（省）　（市）　（区）派出所	
学历			学位		第二学位	
专业					第二专业/辅修专业	
毕业院校					毕业时间	
外语水平	语种：		级别：	口语水平：		
计算机水平						
家庭住址			省（市、自治区）		市（区）　县	
家庭电话				手机		
主要家庭成员	关系	姓名	年龄	单位/职业/职务		
紧急联系人				联系电话		
学习简历（按学习时间倒序填写）	起止年月		就读学校、攻读专业			毕（结、肄）业

续表

<table>
<tr><td rowspan="4">学校工作/社会实践/（填写主要经历）</td><td>起止年月</td><td>单位</td><td>职务</td></tr>
<tr><td></td><td></td><td></td></tr>
<tr><td></td><td></td><td></td></tr>
<tr><td></td><td></td><td></td></tr>
<tr><td>获奖情况</td><td colspan="3"></td></tr>
<tr><td>特长</td><td colspan="3"></td></tr>
<tr><td>培训经历</td><td colspan="3"></td></tr>
</table>

联系电话：　　　　　　　　　　　　　　　　　　　　　地址：

2. 发放签署入职材料

（1）发放劳动合同、协议书以及保密协议等。与新员工就劳动合同和有关协议的具体内容进行商议，双方达成一致后，经新员工和企业法人代表签字、盖章，劳动合同和有关协议即时生效。

《劳动合同法》第二章第十条规定，建立劳动关系，应当订立书面劳动合同。已建立劳动关系，未同时订立书面劳动合同的，应当自用工之日起一个月内订立书面劳动合同。用人单位与劳动者在用工前订立劳动合同的，劳动关系自用工之日起建立。第十六条规定，劳动合同由用人单位与劳动者协商一致，并经用人单位与劳动者在劳动合同文本上签字或者盖章生效。劳动合同文本由用人单位和劳动者各执一份。

（2）发放报到单。新员工凭报到单到有关部门办理员工卡及办公设备领用手续。报到单应由人事部门负责人签字生效。

3. 归档入职材料

人事部核查新员工信息后，存入员工个人档案，并将新员工的报到材料、劳动合同及有关协议归档备案。

表4–4　员工个人档案登记表

日期：　　年　月　日

<table>
<tr><td colspan="7">基本资料</td></tr>
<tr><td>姓名</td><td></td><td>性别</td><td></td><td>户口所在地</td><td></td><td rowspan="5">照片</td></tr>
<tr><td>婚姻状况</td><td>□已婚
□未婚</td><td>籍贯</td><td></td><td>出生日期</td><td>年　月　日</td></tr>
<tr><td colspan="2">毕业院校</td><td colspan="2"></td><td>专业</td><td></td></tr>
<tr><td colspan="2">学历</td><td colspan="2"></td><td>政治面貌</td><td></td></tr>
<tr><td colspan="2">身份证号</td><td colspan="2"></td><td>参加工作时间</td><td></td></tr>
<tr><td colspan="2">家庭住址</td><td colspan="2"></td><td>电话</td><td colspan="2"></td></tr>
<tr><td colspan="2">紧急联系人</td><td colspan="2"></td><td>联系电话</td><td colspan="2"></td></tr>
</table>

续表

<table>
<tr><td colspan="2">入职时间</td><td colspan="2"></td><td colspan="2">职称</td><td colspan="2"></td></tr>
<tr><td colspan="2">部门</td><td colspan="2"></td><td colspan="2">职务</td><td colspan="2"></td></tr>
<tr><td colspan="8">工作简历</td></tr>
<tr><td colspan="2">起止年月</td><td colspan="2">工作单位</td><td>部门</td><td colspan="2">职务</td><td>职责/业绩</td></tr>
<tr><td colspan="2"></td><td colspan="2"></td><td></td><td colspan="2"></td><td></td></tr>
<tr><td colspan="2"></td><td colspan="2"></td><td></td><td colspan="2"></td><td></td></tr>
<tr><td colspan="2"></td><td colspan="2"></td><td></td><td colspan="2"></td><td></td></tr>
<tr><td colspan="8">家庭成员</td></tr>
<tr><td>姓名</td><td>年龄</td><td>关系</td><td colspan="4">工作单位/职务</td><td>联系电话</td></tr>
<tr><td></td><td></td><td></td><td colspan="4"></td><td></td></tr>
<tr><td></td><td></td><td></td><td colspan="4"></td><td></td></tr>
<tr><td></td><td></td><td></td><td colspan="4"></td><td></td></tr>
<tr><td></td><td></td><td></td><td colspan="4"></td><td></td></tr>
<tr><td colspan="8">特长爱好</td></tr>
<tr><td colspan="4">计算机水平：□精通　□良好　□一般</td><td colspan="4">所获证书：</td></tr>
<tr><td colspan="4">其他：</td><td colspan="4">所获证书：</td></tr>
<tr><td colspan="8">体育：□足球　□篮球　□排球　□网球　□游泳　□攀岩　□围棋　□象棋　□跳棋
□乒乓球　□羽毛球　□其他（请详细填写）</td></tr>
<tr><td colspan="8">文娱：□唱歌　□舞蹈　□演讲　□绘画　□摄影　□书法　□其他（请详细填写）</td></tr>
<tr><td colspan="8">本人承诺：以上所填信息真实有效，绝无虚假！
签名：</td></tr>
<tr><td colspan="8">综合事务</td></tr>
<tr><td rowspan="4">工作信息</td><td rowspan="2">□宿舍
□其他</td><td colspan="6">房型：□小房　□大房
其他（请详细填写）</td></tr>
<tr><td colspan="6">入住时间：　　年　月　日</td></tr>
<tr><td colspan="7">□办公用品一套
□寝室卧具一套</td></tr>
<tr><td colspan="7">座位编号：
办公电脑型号：
电子邮箱地址：
办公室座机号码：　　　办公室经办人：</td></tr>
<tr><td>提供材料</td><td colspan="7">□简历　　□身份证复印件
□学历证明　　□职业资格证书
□职称证明　　□二寸照片

不能提供原因：</td></tr>
<tr><td>问题及困难</td><td colspan="7"></td></tr>
</table>

巩固训练

1. 上网搜索不同的《员工入职信息登记表》。
2. 上网搜索一份劳动合同。

职业技能鉴定指导

一、知识技能复习要点

1. 报到接待工作的要点；
2. 登记签署工作的要点。

二、模拟训练

（一）单项选择题

1. 用于采集新员工的基本信息，便于日后管理的是员工（　）

A．报到单　　B．劳动合同

C．劳动协议　　D．入职信息登记表

2. 下列不属于登记签署工作的是（　）

A．通知携带相关材料　　B．发放填写登记表

C．发放签署入职材料　　D．发放报到单

（二）多项选择题

1. 员工入职工作主要有（　）

A．招聘录用　　B．通知体检

C．报到接待　　D．登记签署

2. 新员工入职受理准备工作的具体内容有（　）

A．报到所需物品准备　　B．提前印制好名片

C．制作活动计划表　　D．安排新员工休息室

3. 新员工接待验证工作的要点包括（　）

A．告知新员工办理入职手续的基本程序

B．对新员工提交的证件及材料进行审核

C．讲解企业文化

D．讲解企业规章制度

（三）判断题

1. 在受理新员工报到时，人事部应做好相应的准备工作。（　）
2. 新员工报到当天，准备的休息室里可放置黑板，公布当天的预定日程。（　）
3. 引导人一般只由人事部的人员担任。（　）
4. 新员工凭信息登记表到有关部门办理员工卡及办公设备领用手续。（　）
5. 劳动合同文本由用人单位和劳动者各执一份。（　）

（四）技能实训题

L公司安排人事部助理小王办理新员工入职的相关工作，小王该从哪几个方面着手办理？

项目评价

项目实施评价表

评价任务	评价关键点	配分	自评分	互评分	教师评分
办理员工录用	能理解员工录用的原则	10			
	能掌握员工录用的程序	10			
	能拟写一份录用通知	10			
	能拟写一封辞谢信	10			
办理员工入职	能做好新员工报到接待工作	10			
	能办理新员工登记签署工作	10			
	能制作《员工入职信息登记表》	10			
	了解签订劳动合同的程序及相关法律条款	20			
	能做好员工入职材料归档工作	10			
总　分		100			

项目二 员工迁调奖惩管理

Project 2

项目概述

员工任免、迁调与奖惩工作是人事经理日常管理工作的一部分。员工任免是根据工作需要及人员的德才条件，按照企业的有关规定，任命员工担任某项工作职务，或免去员工担任的某项工作职务。任免与职务升降有密切联系，职务升降是任免的结果。员工迁调是指员工的服务场所和服务对象发生变化的过程。员工迁调有利于增加企业用人制度的灵活性，合理任用具备不同专长的员工，充分调动员工的积极性和创造性。员工奖惩包括奖励和惩罚两部分。奖功惩过、奖优罚劣是企业进行员工管理的重要内容。

通过本项目的学习，你将习得办理员工任免、迁调和奖惩的相关技能。

学习目标

1. 能熟练办理员工任免；
2. 能熟练办理员工迁调；
3. 能熟练办理员工奖惩。

任务一 办理员工任免

Task 1

任务情境

经核编，瑞祥公司发现公关部和销售部各缺少一位副经理。为了达到人尽其才的目的，公司打算开展内部竞聘。通过综合测评，张月和王星因业绩、能力、考核成绩突出，分别被任命为公关部和销售部副经理。另外，因身体状况及个人能力问题，后勤部副经理李亚不能很好地承担所在岗位职责，保质保量地完成本职工作，公司决定免去其后勤部副经理之职，降职任命其为公关部主管。李亚觉得很没面子，情绪很低落。

任务要求

1. 掌握办理员工晋升的流程。
2. 掌握办理员工降职的流程。

任务实施

根据任务情境，完成下列任务。

1. 员工任免的两种不同结果是＿＿＿＿和＿＿＿＿。

2. 根据不同的标准对员工的晋升予以分类，判断张月、王星晋升的类型。

不同标准	晋升的类型	张月、王星晋升的类型
根据晋升人员的来源分		
根据晋升的幅度分		
根据影响晋升的因素分		

3. 办理张月和王星的晋升有哪些流程？

＿＿＿＿＿＿＿＿＿＿＿＿＿＿＿＿＿＿

4. 梳理出员工降职的类型，判断李亚降职的类型，并说明其降职由谁来审核。

降职的类型	李亚降职的类型	审核人

5. 结合降职的流程，协助张敏办理李亚的降职工作，根据其降职情况及其降职后的心态，采取针对性的应对措施。

降职流程	李亚的降职情况	李亚降职后的心态	应对措施

技能要点

一、员工晋升的流程

（1）员工主动申请晋升的流程是：员工填写《晋升申请表》—原部门主管审批—人事部对晋升员工进行考核，查看其是否符合岗位条件—晋升后的直接主管对员工进行考核—总经理审批—下聘任通知—到新岗位任职。

（2）员工竞聘晋升的流程是：发布内部竞聘公告—初次筛选—组织测评—综合评估、录用—公布结果—录用人员到职跟踪—人事资料存档。

二、员工降职的流程

员工降职要遵循以下流程：用人部门提出申请，填写《降职申请表》—人事部审核—通报降职人员—人事部办理降职手续，免去降职人员职务。

相关知识

企业员工的职务任免与职务升降有着紧密的联系，职务任免往往是职务升降的前提，升降总要通过任免来实现，是任免的结果。因此，做好职务升降管理工作，能有效地体现任免成果。职务升降是人事调整的内容之一，它是工作职位的垂直变动，在现代企业行政管理中不能简单地把晋升当作奖励，把降职视作惩罚、处分，应该把晋升和降职看成保持人与事科学结合的一种调整手段和企业人事管理中一项日常性的工作。

一、员工晋升管理

晋升是指工作人员由原来的职位调任到另一个需要承担更大责任的职位。一般来说，被晋升的人在承担更大责任的同时，其权力和待遇也会有所提高。

1. 员工晋升的类型

（1）根据晋升人员的来源，可以把晋升分为内部晋升和外部任用。

当企业出现职位空缺时，从本单位员工中提升叫内部晋升，从单位以外的人员中录用叫外部任用。内部晋升具有促使本单位员工安心工作、努力上进的作用，但也会产生任人唯“亲”的消极作用，容易形成保守封闭的企业氛围。外部任用有利于因事择人、广纳贤才，但也会因为新老员工之间了解不够而产生配合上的困难。一般情况下，应优先采用内部晋升，只有在本单位缺乏适当人选时，才从外部任用，否则会挫伤本单位员工的积极性。

（2）根据晋升的幅度，可以把晋升分为常规晋升和破格晋升。

常规晋升，就是根据晋升序列和职务所要求的晋升条件，正常晋升、逐级提拔。破格晋升，就是当员工作出了十分突出的贡献或经考核确认其具有特殊才能时，可以不受其他因素的限制，越级提拔。实行越级提拔，有助于企业多出人才、快出人才。

（3）根据影响晋升的因素，晋升可分为年资晋升制、功绩晋升制、考试晋升制和综合晋升制。

年资晋升制把工作年限的长短和资历的深浅作为晋升的主要依据。它是一种阶梯晋升结构，即只要服务满规定年限，即可自动晋升。其优点是标准明确、简单易行，可以避免由于领导个人的好恶或亲疏而产生的不当晋升现象，可以给员工某种安全保障感；缺点是会造成员工不求有功、但求无过，坐熬年头的消极心理。

功绩晋升制把实际工作业绩作为晋升的主要依据。它是一种圆柱式晋升结构。在这一晋升制度中，上升路径是连续的，只要员工的绩效考核结果是优秀的就可以晋升。它的优点是便于选拔能力强者，能鼓励员工奋发向上，尤其是能避免埋没年轻有为的人才；缺点是有些兢兢业业、努力工作但能力较差的人很难获得晋升机会。

考试晋升制是通过考试考核，依据考试成绩来提升人员的晋升方式。考试可采取笔试或口试的形式。这种晋升制的主要特点是允许越级晋升。它的优点是机会均等，可以促使员工努力学习、丰富知识，对年轻人较为有利；缺点是因为成绩和能力并无必然联系，晋升结果不一定利于企业发展。

综合晋升制既不单凭年资，也不单凭工作业绩或考试成绩，而是兼顾多方面因素，将它们同时视作晋升的依据。这种制度既能兼具各种晋升制的优点，又能避免其缺点，因而是一种比较合理的晋升制度，尤其适用于晋升职级。

无论哪一种晋升制，晋升人员一般都要具备相关的学历和经历等条件，除非是那些工作业绩和才能特别突出的企业员工，晋升可适当放宽对其文化程度和任职年限等的要求。

2. 划分晋升职责

企业应明确各部门领导在员工晋升中的职责，具体内容如下：

（1）人事经理职责。负责企业组织架构、各部门人员编制的确定，职级晋升的设定和监督管理；负责企业各类人员晋升管理工作的具体组织、实施及协调；负责人员晋升的办理、培训及评鉴。

（2）各部门经理职责。部门经理负责本部门组织架构、人员编制的确认与核实以及晋升人员的相关培训和晋升评鉴。各部门负责配合完成人员晋升的全过程。

（3）总经理职责。总经理是人员晋升管理的第一责任人，负责变更组织架构、各部门人员编制及晋升人员的最终审核。

3. 选择晋升对象

（1）晋升对象应符合的条件

① 具备良好的职业道德。

② 个人工作能力优秀。

③ 年度考核成绩处于部门中上等水平。

④ 对有关职务工作内容有充分了解，并体现出职务兴趣与能力特质。

⑤ 具备其他与职务要求相关的综合能力。

（2）选择晋升对象的方法

人事部内聘人员之前必须了解企业人力资源状况，依实际人力需求慎重选择晋升对象。企业晋升对象的选择方法有以下五种：

① 比较择优法。这种方法是先列出考查项目（工作表现、态度、能力和资历等），对晋升候选人进行对比分析，评选出最优秀者作为晋升人选。

② 主管评定法。部门主管依据考查项目对晋升候选人进行评定，考查项目视晋升职务或职位需要而定。业务知识、管理技能和人际关系是必需考查的基本内容。主管将晋升候选人的实际情况与组织要求的标准进行衡量、分析，确定晋升人选。

③ 升等考试法。这种方法规定，凡在企业内工作达到一定年限，且工作业绩优良者都具有晋升资格，有晋升资格的人员需要参加并通过升等考试后才能得到晋升。

④ 评价中心法。这种方法主要适用于管理人员，尤其是高层管理人员的晋升评价。首先综合利用多种测评技术，对晋升候选人的个性、兴趣、职业倾向等进行综合评价，然后通过比较测评结果，最后选出适当的晋升人选。

⑤ 综合法。这种方法是将多种选择晋升对象的方法综合起来，选拔出晋升人选。这种方法较复杂，对晋升候选人的考查比较全面、客观，多用于高层管理人员的晋升考察。

（3）晋升工作要点

人事部助理应协助经理和各部门经理充分掌握以下晋升工作的要点：

① 企业在考虑给员工晋升职位时，应注意其适当性，可采取常规晋升和破格晋升相结合的方式，原则上每次晋升一级。

② 职位晋升应受部门编制限制，遇有空缺时方可办理。若编制已满，不宜进行职位晋升。

③ 各主管职位空缺时，应以内部晋升为首选。试用不合格者，调回原岗位或另行安排，其薪资将随岗位变化做出相应调整。

④ 因晋升条件不足而代理管理职务者，经培训、试用和考核，确定具备晋升条件方可晋升，否则选聘他人。

⑤ 员工曾受到警告或小过（含）以上处分者，自惩处生效之日起六个月内不予晋升。

⑥ 员工晋升后，若不能胜任该职位或犯有过失，企业可视情节轻重做出降职或免职的处理。

4. 员工晋升流程

（1）员工主动申请晋升的流程

一般来说，企业员工主动申请晋升的流程是：员工填写《晋升申请表》—原部门主管审批—人事部对晋升员工进行考核，查看其是否符合岗位条件—晋升后的直接主管对员工进行考核—总经理审批—下聘任通知—到新岗位任职。无论在哪一项流程中被否定，员工的晋升调动申请都将被撤销，员工回到原岗位工作。

（2）员工内部竞聘晋升的流程

为了达到人尽其才的目的，一旦出现职位空缺，企业即可开展内部竞聘晋升工作。具体流程为：

① 发布内部竞聘公告。人事部发布招聘通知，员工填写《内部竞聘申请表》，表格由相关主管、经理签字确认后，员工方可参聘。

② 初次筛选。按竞聘要求初次审定参聘人员的条件与招聘条件是否相符。

③ 组织测评。组织初次筛选合格的参聘人员进行测评。

④ 综合评估、录用。根据晋升办法对测评结果进行综合评估，对符合条件的参聘人员予以录用。

⑤ 公布结果。人事部以通知的形式向全公司通告人员聘任结果。

⑥ 录用人员到职跟踪。人事部招聘负责人跟踪已录用人员的到职情况，并与相关部门沟通、协调，做好相关交接工作。

⑦ 人事资料存档。人事部将《人事异动表》、《协议书》存档，并完成组织架构图。

内部竞聘晋升的基本原则如下：

坚持公正、公平、公开原则；竞聘人员必须入职 3 个月以上；鼓励人才的适当流动，但必须保障各部门关键岗位、技术岗位人才的稳定性；采取部门负责人对参聘人员进行审批、积极配合其参聘的原则。

二、员工降职管理

降职是通过一定的程序免去工作人员的现任职务，使其从原有职位降低到负较少责任的职位上工作的一种行为。降职属于职务关系的变更，只发生在有领导职务的人员身上，被降职人员的工资、权力和地位会被削减降低，但仍然保留员工的身份。

1. 员工降职的类型

员工降职的类型是多种多样的，从被降职的原因来看，有以下几种：

（1）违规犯错。指员工违反企业规定或犯了重大错误。

（2）绩效不佳。指员工几次或多次绩效考核成绩为差等。

（3）不能胜任工作。指因个人能力不足而不能承担所在岗位职责，不能按要求完成本职工作。

（4）其他原因。因其他原因如某些不可抗外部因素（机构改革、部门合并等）而降职。

2. 员工降职审核权限

企业员工的降职审核权限一般随被降职员工级别的不同归属不同的管理层，具体如下：

（1）各部门一般员工的降职由用人部门提出申请，报人事部核定；

（2）各部门一般管理人员的降职由用人部门提出申请，人事部审核，最后由总经理核定；

（3）各部门经理级管理人员的降职由人事部提出申请，报总经理核定；

（4）总经理、副总经理的降职由董事长核定，人事部备案。

3. 员工降职的流程

员工降职要遵循以下流程：用人部门提出申请，填写《降职申请表》—人事部审核—通报降职人员—人事部办理降职手续，免去降职人员的职务。

4. 区别对待降职员工

对降职的员工，企业应根据不同情况区别对待，具体如下：

（1）对于违反企业规定或犯了重大错误的员工，按照规定该降职的要降职，以达到惩戒本人、警示他人的效果。

（2）对于绩效不佳的员工，应找出问题的根源，可能是态度问题，比如由于本性懒惰，或对企业及上级不认可导致态度消极；也可能是能力问题，比如晋升上岗后没有经过必要的培训与试用过程。

（3）对于因不可抗拒的外部原因，比如机构改革、部门合并等非员工自身原因造成降职的员工，应该视实际情况给予安抚和补偿，预防优秀员工离职。

5. 应对抱有不同心态的降职员工的方法

被降职的员工一般会有三种心态：一是觉得很没面子；二是不服从组织的处理，认为不是自己的原因，将问题归因于外；三是积极调整心态，勇于面对挫折和挑战。对不同心态的降职员工的应对方法如下：

（1）鼓励沟通法。对待抱有第一种心态的员工，人事经理应给予更多关心与爱护，多鼓励、多沟通。尤其是当员工在新的岗位上做出成绩后，更要及时反馈，以增强其自信心。

（2）批评教育法。对待抱有第二种心态的员工，要给予明确的批评与教育，并说明不做自我反思的后果，帮助员工重新认识自我，然后视其行为改变的情况再做处理。对冥顽不改，不做反思者，必须与其解除聘用合同，不可再用；对有所认识与进步者，可与抱有第一种心态的员工等同对待。

（3）适当肯定法。对待抱有第三种心态的员工，人事经理应该更加关心和爱护，对他们过去有贡献的地方给予充分肯定，还要帮其深刻剖析自我、认识自我，助其调整心态，对其进行能力培养，这样一般都会收到良好的效果。

巩固训练

根据上一年度的绩效考核，天洋公司的公关部经理老李被降职了。针对老李可能出现的不同心态，人事经理可以采取怎样的应对方法？

职业技能鉴定指导

一、知识技能复习要点

1. 员工的晋升管理

（1）员工晋升的类型；

（2）各部门领导的晋升职责；

（3）选择晋升对象的方法。

（4）员工晋升的流程

2. 员工的降职管理

（1）员工降职的类型；

（2）员工降职审核权限；

（3）员工降职的流程；

（4）区别对待降职员工的要点；

（5）应对抱有不同心态的降职员工的方法。

二、模拟训练

（一）单项选择题

1. 把实际工作业绩作为晋升的主要依据的是（　　）

A．年资晋升制　B．功绩晋升制　C．考试晋升制　D．综合晋升制

2. 员工A虽被降职，但能调整心态，勇于面对挫折和挑战。针对员工A人事部应对的方法是（　）

A．鼓励沟通法　B．批评教育法　C．适当肯定法　D．鼓励教育法

3. 部门经理的降职核定者是（　）

A．人事部门　B．总经理　C．副经理　D．董事长

（二）多项选择题

1. 降职的类型有（　　）

A．违规犯错　B．绩效不佳　C．不可抗因素　D．不能胜任工作

2. 根据晋升人员的来源，可以把晋升分为（　　）

A．内部晋升　B．外部任用　C．常规晋升　D．破格晋升

3. 晋升对象的选择要用合适的方法，常见的有（　　）

A．比较择优法　B．主管评定法　C．评价中心法　D．综合法

（三）判断题

1. 圆柱式晋升结构即员工只要服务满规定年限，即可自动晋升。（　）

2. 总经理的降职由董事长核定，人事部备案。（　）

3. 降职属于职务关系的变更，只发生在有领导职务的人员身上。（　）

4. 综合法多用于管理人员，尤其是高层管理人员的晋升考察。（　）

5. 内部竞聘晋升的基本原则之一是公正、公平和公开。（　）

（四）技能实训题

小张是人事部的秘书，下个星期公司将举办一次内部职务竞聘。她可协助人事部经理和各部门经理充分掌握晋升工作的哪些要点？

任务二 办理员工迁调

Task 2

任务情境

为适应公司发展和员工个人实际需要，瑞祥公司计划培养一批复合型人才。人事部经理觉得采取平级调动和岗位轮换不失为一种好方法，既可以在不同的岗位上锻炼员工的能力，又可以有效地增强组织的活力。经各部门上报，总经理审核批准，公司决定派行政部员工A到合作单位做相关工作；把人事部员工B调到销售部工作；批准技术部员工C被鑫业公司借用；把公关部主管D培养成公关部副经理，安排他在不同部门、不同岗位横向轮换工作。

任务要求

1. 辨析横向调动的不同方式。
2. 掌握平级调动和岗位轮换管理。
3. 设计《员工调岗申请单》、《内部调岗申请审批表》和《岗位轮换申请审批表》。
4. 了解员工调动之后的档案管理。

任务实施

根据任务情境，完成下列任务。

1. 请把不同员工与相对应的调动方式用线连接起来。

员工	调动方式
（1）A	① 岗位轮换
（2）B	② 调岗
（3）C	③ 借调
（4）D	④ 外派

2. 讨论：平级调动常见的方式有哪些？不同方式的平级调动，流程有何不同？

调动方式	调动流程

3. 协助张敏设计一份《员工调岗申请单》和《内部调岗申请审批表》，发放给员工A、B、C填写，并上报总经理审批。

4. 员工D属于哪一类岗位轮换？轮换时限、培训内容、培训方式及考核要求有哪些？

轮换类型	轮换时限	培训内容	培训方式	考核要求

5. 讨论：公司调员工D到××岗位轮换，在实施过程中要遵循哪些原则和要求？梳理出员工D岗位轮换的流程。

（1）岗位轮换要遵循的原则和要求

岗位轮换原则	岗位轮换要求

（2）员工D岗位轮换的流程

①

②

③

6. 设计一份《岗位轮换申请审批表》，发给员工D填写，上报总经理审批。

7. 讨论：A、B、C、D四位员工调动后，他们的档案如何管理？

技能要点

一、平级调动管理

（1）员工外派的流程是：填表报审—审核批准—发放通知—外派员工交接报到—调整上报。

（2）员工调岗的流程是：提出调岗—填表上报—逐级签批—发放调动通知—办理交接手续—劝导。

（3）员工借调的流程是：借调协商—会签报批—调岗通知。

二、岗位轮换管理

岗位轮换的流程是：选定岗位、制订方案、审批公示—筛选名单，提出申请，递交审批表—确认匹配，选定人员，上报审批。

三、员工调动的一般程序和档案管理

（1）员工调动的一般程序是：调动申请—办理交接手续—调整工牌、档案—代理空缺。

（2）员工调动的档案管理要点为：调动手续附在档案袋里保存；根据需要转移档案；根据变动，填表存档备查。

相关知识

员工一旦进入企业，他们就可能在企业内部流动（调动、岗位轮换、晋升和降职等），以适应企业的需要和实现自己的职业抱负。员工的内部调动包括纵向调动和横向调动两种。纵向调动一般指员工的安置、晋升、降职、辞职和退休等，横向调动一般指员工的平级调动和岗位轮换。纵向调动中职务的晋升和降职已在本模块项目二任务一中涉及，辞职等内容将在项目三任务二中阐述，此处不再详述。这里重点讲述横向调动中的平级调动和岗位轮换。

一、平级调动管理

平级调动是员工在企业中的横向流动。为适应企业发展和员工个人实际需要，平级调动是企业人力资源管理的日常工作，有利于增强企业的活力。一般来说，平级调动并不意味着员工的晋升或降职，但与员工的职业生涯发展密切相关。员工平级调动常见的类型有：外派、调岗和借调。

1. 外派

外派是指因工作需要，企业外派员工到外单位工作的调动方式。

（1）外派员工流程

① 填表报审。派出部门根据任职要求选派适当人选，填写《员工调岗申请单》或《内部调岗申请审批表》，并附《职务说明书》，报人事部审核。

② 审核批准。人事部根据《职务说明书》的要求进行审核并提出意见，按人员聘任权限报企业领导批准。

③ 发放通知。人事部向派出部门、派往的分支机构及拟派员工发出《内部调整通知单》。

④ 外派员工交接报到。外派员工按规定办理工作交接，按期到派往的分支机构报到。

⑤ 调整上报。派出部门应在外派员工任期结束前 30 天，根据工作实际需要，确定外派调整方案，并报人事部备案。

（2）外派员工特殊管理

外派员工的特殊管理包括轮换与延长任期两种类型。对于需要轮换或延长任期的员工，一般可采取以下措施：

① 轮换。派出部门提出新的外派人选，按规定程序办理审批手续。同时，由派出部门根据工作需要，为期满外派员工安排工作岗位，并按员工调整审批程序办理职务（岗位）调整手续。

② 延长任期。企业可根据实际工作需要延长外派员工任期。

2. 调岗

调岗是指同岗位或不同岗位员工的流动，表现为企业部门内部不同岗位调动、企业内部不同部门岗位调动。调岗流程如下：

（1）提出调岗。当企业内部出现岗位空缺时，除考虑内部提升及外部招聘外，亦可考虑平级调岗。企业有关部门及员工本人均可提出调岗。

（2）填表上报。企业有关部门提出调岗的，由人事部负责协调，取得调出与调入部门经理的同意后，填写《员工调岗申请单》和《工作评估表》；员工本人提出调岗的，应由员工本人提出书面调岗申请，并报所在部门经理同意后，填写《内部调岗申请审批表》和《工作评估表》。

（3）逐级签批。企业有关部门或员工本人提出调岗申请后，人事部必须根据员工在原岗位工作的业绩和人事档案，填写《工作评估表》。《工作评估表》连同《人员调动审批表》按审批权限逐级签批。

（4）发出调动通知。员工调岗审批通过后，人事部向员工和有关部门发出《内部调整通知单》，办理工作交接手续。

（5）办理交接手续。经原工作部门领导、新工作部门领导及企业领导签字同意，在原部门和相关部门办理完工作交接手续后，调岗员工持《报到通知书》到新工作部门上岗。员工的调岗交接手续须在5个工作日内完成。一般调岗交接的内容包括以下几点：

① 原岗位工作的内容、进度及职责；

② 原岗位工作中掌握的企业文件、工作信息；

③ 原岗位工作中使用的办公用品；

④ 原岗位工作中需保密的信息。

（6）劝导。员工如不符合调动岗位的条件，未被批准调岗，人事部要做好其思想工作，劝导其在原工作岗位好好工作。

3. 借调

借调是指因工作需要，允许员工借用到其他相关单位（或部门）工作的迁调形式。

（1）员工借调流程

① 借调协商。由借调企业提出，由人事部同用人单位、调出部门负责人及员工本人协商一致后签订《商借人员协议书》。

② 会签报批。人事部协同相关部门会签后，按相关程序报批。

③ 调岗通知。报批通过后，人事部向相关部门发出《员工调岗通知单》。

（2）员工借调注意事项

① 明确员工的借用期限，明确借用期间员工的责、权、利。

② 原企业保留借调员工资格，接收企业承担借调员工的薪资福利及各类保险费用。

二、岗位轮换管理

岗位轮换制度是企业按一定的期限，有计划地让员工（干部）轮换担任若干种不同工作的做法，从而达到考查员工（干部）适应性，开发员工（干部）多种能力，加强员工（干部）换位思考意识，进行在职训练，培养管理者、复合型人才的目的。它是员工横向流动的另外一种方式。岗位轮换是在企业各个部门之间、不同类型员工之间实施的员工流动方法。

1. 岗位轮换的种类和原则

（1）岗位轮换的种类

① 新入职员工岗位轮换。新员工入职后，为了使其迅速了解企业的运作程序和工作流程，根据新员工的能力素质将其分配到不同的岗位轮换工作，最终达到员工与岗位最佳匹配的目的。

② 在职员工岗位轮换。让全体员工在不同或相近的岗位上进行轮换工作。

③ 企业管理骨干岗位轮换。为培养高级管理人员，安排管理者在不同部门、不同岗位横向轮换。

（2）岗位轮换的原则和要求

① 坚持公平、公正、公开、竞争的原则。

② 轮换的岗位要有利于轮岗员工提高综合素质和工作绩效。

2. 岗位轮换的流程与实施

（1）岗位轮换流程

① 选定岗位，制订方案，审批公示。人事部根据企业现状和发展规划，定期与各部门沟通，选定可以轮换的岗位，制订岗位轮换管理方案，经总经理审批后公示。

② 筛选名单，提出申请，递交审批表。人事部根据轮换岗位的职责、员工的业绩与能力考核结果及工作年限筛选出轮岗的人员名单。员工可根据自身职业规划，在部门同意的前提下向人事部提出申请，递交《岗位轮换申请审批表》。

③ 确认轮岗人员与岗位的匹配度，选定人员，上报审批。人事部根据岗位轮换要求，对轮岗人员进行素质能力测评，确认其与轮换岗位的匹配度，最终确定岗位轮换人员名单，报总经理审批。

（2）岗位轮换实施

① 确定轮岗时限。基层员工岗位三个月轮换一次；主管级岗位半年轮换一次；经理级岗位一年轮换一次。

② 培训内容与培训方式。培训内容主要涉及转入部门的组织架构、组织职能、岗位说明、岗位操作流程、业务技能等。培训方式包括与新员工一起参加入职培训，一对一的指导或外派培训等。

③ 考核。企业对轮岗人员每季度进行一次考核，主要考核其工作态度、工作能力、发展潜力、工作绩效。其直接主管对考核结果负责，考核结果报人事部备案。

（3）岗位轮换注意事项

应该让员工错开轮换，不能让他们在同一时期一起轮换。

三、员工调动的一般程序和档案管理

1. 员工调动的一般程序

（1）调动申请。各部门负责人根据工作需要向人事部提出人员调动申请，员工个人也可向人事部提出调动申请。

（2）办理交接手续。调动申请经审批后由人事部向调出、调入单位（或部门）下达人事变动通知。调动员工接到通知后，应在规定时间内办妥所有交接手续（工作交接、事务交接），因交接不清带来的一切后果由调动员工承担。

（3）调整工牌、档案。人事部在人事变动通知下达后调整调动员工的工牌与人事档案。

（4）代理空缺。由于工作调动而形成的职位空缺暂由调动员工的直接上级代理。

2. 员工调动档案管理

无论采用哪种迁调方式，员工的调动档案管理要点相同，具体如下：

（1）员工调动手续作为员工档案的重要组成部分，附加在员工档案袋里保存。

（2）调动过程中员工档案如有需要转移，根据情况予以转出或转入。

（3）根据员工变动情况，填写《人事异动登记表》，并将其存档备查。

四、员工迁调相关表单模板示例

表4–5 员工调岗申请单

申请日期：			
姓名：	部门：		岗位：
入职日期：	原工资：	元/月	调入部门：
岗位：	新工资：	元/月	
调岗原因：			
申请人： 年 月 日			
部门主管意见：			
部门主管签字： 年 月 日			

续表

人事部意见
人事部主管签字： 年　月　日
调入部门主管意见：
调入部门主管签字： 年　月　日
总经理意见：
总经理签字： 年　月　日

表4–6　内部调岗申请审批表

个人概况	姓名		性别		出生日期	
	毕业院校		学历		专业	
	现技术职称		现工作岗位		申请调往岗位	
调动申请	申请人签字：　　日期：					
现任及拟调往岗位涉密情况	人事部涉密人员管理负责人签字：　　日期：					
调出部门意见	调出部门主管签字：　　日期：					
调入部门意见	调入部门主管签字：　　日期：					
人事部意见	人事部主管签字：　　日期：					
总经理意见	总经理签字：　　日期：					

表4–7　岗位轮换申请审批表

<table>
<tr><td rowspan="4">个人概况</td><td>申请人</td><td></td><td>性别</td><td></td><td>出生日期</td><td></td></tr>
<tr><td>毕业院校</td><td></td><td>学历</td><td></td><td>专业</td><td></td></tr>
<tr><td>所在部门</td><td></td><td>现任岗位</td><td></td><td>现任职务</td><td></td></tr>
<tr><td>入职（现任职位）时间</td><td></td><td>申请轮换部门</td><td></td><td>申请轮换岗位</td><td></td></tr>
<tr><td>岗位轮换申请原因</td><td colspan="6"></td></tr>
<tr><td>所在部门意见</td><td colspan="6"></td></tr>
<tr><td>调入部门意见</td><td colspan="6"></td></tr>
<tr><td>人事部意见</td><td colspan="6"></td></tr>
<tr><td>总经理意见</td><td colspan="6"></td></tr>
</table>

巩固训练

调岗员工在赴新岗位工作前需要办理工作交接手续，这一交接手续一般包括哪些内容？

职业技能鉴定指导

一、知识技能复习要点

1. 平级调动的三种类型；
2. 岗位轮换的种类和原则、流程与实施、注意事项；
3. 员工调动的一般程序和档案管理的要点。

二、模拟训练

（一）单项选择题

1. 下列不属于平级调动的是（　）

A．外派　　B．调岗　　C．借调　　D．晋升

2. 下列不属于借调流程的是（　）

A．借调协商　　B．会签报批　　C．调岗通知　　D．劝导

3. 下列不属于岗位轮换的种类是（　）

A．新入职员工岗位轮换　　B．在职员工岗位轮换

C．企业管理骨干岗位轮换　　D．公司领导岗位轮换

（二）多项选择题

1. 下列属于外派员工流程的是（　）

A．填表报审　　B．审核批准　　C．发放通知　　D. 外派员工交接报到

2. 外派员工特殊管理包括（　）

A．轮换　　B．延长任期　　C．调岗　　D．借调

3. 企业岗位轮换一般要遵循的原则是（　）

A．公平　　B．公正　　C．公开　　D．竞争

（三）判断题

1. 岗位轮换要让员工错开轮换，不能让他们在同一时期一起轮换。（　）
2. 可根据实际工作需要延长外派员工任期。（　）
3. 调岗只能由企业有关部门提出，员工个人不可以提出。（　）
4. 由于工作调动而形成的职位空缺暂由调动员工的直接上级代理。（　）
5. 企业对轮岗人员每季度进行两次考核，主要考核其工作态度、工作能力、发展潜力和工作绩效。（　）

（四）技能实训题

因工作需要，K公司的小崔被借调到B公司工作，请你谈谈小崔需要经历的借调流程。

任务三 办理员工奖惩 Task 3

任务情境

根据第一季度的业绩及考勤等数据，经调查核实，瑞祥公司各部门推选出张妍等5位员工为季度优秀员工，并拟在公司自控媒体上进行表彰宣传。另外，通过调查，也发现员工李阳在工作期间懈怠应付，迟到早退频繁。为严肃公司纪律，公司决定对其予以一定惩处。但李阳不服惩处，他向公司申诉，自己因照顾身患重病的母亲，才会偶尔迟到早退的。

任务要求

1. 了解员工奖惩的适用范围和不同效果。
2. 掌握对表现优劣不同的员工可采取的奖惩方法。
3. 掌握奖惩员工时一般要遵循的程序和原则。
4. 分组拟制奖惩制度。

任务实施

1. 讨论：员工奖惩的适用范围和不同效果是什么？请在下表中列出。

方式	适用范围	效果
奖励		
惩罚		

2. 讨论：常用的奖惩方法和原则有哪些？

方式	方法	原则
奖励		
惩罚		

3. 表彰张妍等5位季度优秀员工要遵循的流程是什么？

（1）______

（2）______

（3）______

（4）______

4. 批评李阳可采取什么方法？公司在惩处他时，要经过哪几个程序？

方法	程序

5. 为发挥员工的积极性和创造性，体现赏罚分明、有效激励的管理理念，公司决定制订一项奖惩制度。请分组模拟制订这项奖惩制度。

技能要点

（1）奖励的程序为：调查核实，听取意见—填写表格，呈报审批—通知本人，公布宣传—材料归档，抄送备案。

（2）惩罚的程序为：告知规章—记录表现—对比表现—恰当处分—说明反馈。

相关知识

企业行政奖惩管理是指企业按照各项规章制度针对企业内部员工进行奖励和惩罚的管理。奖励借助于员工的进取心理而发挥作用，惩罚借助于员工的畏惧心理而产生效能。虽然二者手段相异，但目的都是为了更好地调动员工的工作积极性。良好的员工管理离不开奖励和惩罚，但人事部必须注意奖励和惩罚都应按照企业制度进行，要适当，不能过度。因此，企业的行政管理人员，有必要了解奖励与惩罚的适用范围及其带来的不同效果，把握奖惩的方法、程序与原则。

一、奖励与惩罚的适用范围

在现代企业管理中，奖励与惩罚都是激励员工的手段，但它们适用于不同的情境。通常，当员工做出有利于企业的行为时，应该对其进行奖励；反之，当员工为企业带来经济损失或声誉损害时，就应该对其采取惩罚，使其停止这种行为，认识到这种行为的危害。

二、奖励与惩罚的不同效果

虽然奖励与惩罚都是重要的激励手段，但其激励效果往往不同。通常，奖励会使员工感到振奋，增强自信心，提高工作积极性；惩罚常常使员工产生挫折感，也可能一蹶不振、意志消沉，处于应激状态的个体甚至可能感到失去自尊，使得管理者不得不面对尴尬的局面。

三、奖惩方法

1. 常用的奖励方法

（1）物质奖励

物质奖励指通过发放高薪、定期加薪、发放额外津贴等方式进行激励。发放奖金是常用的物质奖励方法。通常，员工获得奖金的多寡取决于企业对员工考核的结果。按发放时间划分，奖金可分为月度奖、季度奖和年度奖；按性质划分，奖金可分为全勤奖、节约奖和超额奖等；根据奖励对象划分，奖金可分为个人奖、小组奖与部门奖；根据分配方式划分，奖金可分为一次性现金奖励、分红或股票期权。

（2）带薪休假

带薪休假是一种非货币形式的奖励。随着人们生活水平的不断提高，员工加入企业的目的不再是为了满足基本的生活需求，而对生活质量的要求越来越高。带薪休假就是根据员工对生活质量的需求设立的奖励项目，它体现了企业对员工生活质量的关怀。

（3）培训机会

开展各种培训，可以使员工的知识结构、观念、技术等获得全面的提升和改善，同时也能满足员工学习和进步的要求。培训不仅是提高员工素质的手段，更是提高员工与职务匹配程度的重要手段。培训给员工带来发展的机会，使员工的潜能得到淋漓尽致的发挥，员工的工作满意度也大大提高。

（4）参与机会

全员参与公司有关产品质量、服务、生产和管理等各方面的改进工作，经相关部门确定后，依改善效益向员工核发奖金。参与决策对员工来说不仅是一种荣誉，更是一种需要。员工的参与不仅能为企业出谋划策，还可以使员工对企业目标有更加深入的了解，从而调整自己的步伐，配合企业目标的实现。

（5）精神奖励

与员工保持日常的沟通，对员工进步做出肯定与表扬，使员工体验到个人能力的发挥及个人价值的实现。

2. 常用的惩罚方法

（1）批评

批评的方式几乎适用于所有惩罚对象。根据影响的范围批评可分为私下谈话和公开批评、点名批评和不点名批评、小会批评和大会批评；根据沟通的形式批评可分为口头批评和书面批评。

（2）处分

当员工给企业的经济利益或声誉带来较大损害时，企业常常采取处分的方式进行惩罚。根据处分的程度，处分可分为通报批评和记过处分。不同级别的处分可以由不同主管部门进行。

（3）加强监督

当企业不能确定员工的某些行为是否会违反企业行为规范时，往往会采取监督的形式进行控制。被监督的员工往往会感到较大的心理压力，一是感到不自由，二是感到自尊心受到伤害。

（4）岗位变迁

当员工在现任岗位上有不利于企业的行为，或破坏企业正常的人际关系时，企业常常考虑变动员工的岗位，这种不以员工的利益为出发点的岗位调动是一种惩罚手段。

（5）辞退

当员工的行为对企业造成重大损失或长期影响，或企业不可能再通过其他手段使员工纳入企业行为规范中时，企业就应该考虑辞退员工。当然，在辞退过程中一定要按照《劳动法》的相关规定处理双方的关系。

四、奖惩程序

1. 奖励的程序

（1）调查核实，听取意见。所在部门在对受奖人员的突出表现认真调查核实的基础上，归纳整理出书面材料，然后提交本部门员工讨论。要充分发扬民主精神，广泛听取员工的意见。

（2）填写表格，呈报审批。如果部门领导和员工的意见基本一致，就可以填写《奖励审批表》，以部门名义提出受奖种类及理由，并附上受奖人员事迹材料、有关证明和群众座谈记录，向公司呈报。

（3）通知本人，公布宣传。奖励一经批准，应通知本人，并在一定场合公布，必要时也可运用报刊等舆论工具进行宣传。

（4）材料归档，抄送备案。《奖励审批表》和公司批复应归入本人档案，同时抄送人事部备案。

2. 惩罚的程序

对员工进行惩罚通常是由于该员工违反了企业的相关规定。惩罚的具体程序如下：

（1）告知规章。关于纪律管理方面的具体规章制度有员工手册、员工守则、员工行为规范和纪律处罚条例等。对于这些规章制度，一定要让所有员工都充分了解。只有在大家都了解的情况下，这些制度才能有效实施。

（2）记录表现。通过考勤等记录员工的工作表现。

（3）对比表现。将犯错员工的表现和规章制度对比，观察其是否违反规定。

（4）恰当处分。如果员工的行为违反了规章制度，就要遵照规章制度对其实施恰当的处分。

（5）说明反馈。处分结束后要向员工再次说明规章制度，并了解其反馈。

五、奖惩原则

每一个企业都应重视奖惩管理机制在企业运营中所发挥的作用，并在企业发展中不断改进和完善奖惩机制，并最大限度地实施好这一机制。在奖惩实施中要遵循一定的原则：

1. 注重奖惩的公正性

（1）实事求是，不夸大其辞

当前，有些企业在实施奖惩时，往往感情用事，带着框子，凭自己的印象衡量、确定奖惩对象，或优亲厚友、上宽下严，该奖不奖、该罚不罚。这样就违背了公平的准则，使奖惩变了味道，这样的奖惩机制会起相反作用。

（2）公平公正，奖惩有据

当前个别企业在实施奖励时存在不少问题，如看人缘、凭印象、摊名额、搞平衡，求皆大欢喜，搞一团和气；惩罚时，赚人情、送面子、给台阶、留余地，避重就轻，不敢较真。这种对奖惩对象的无原则性和不确切性，一方面会挫伤广大员工的积极性、模糊是非概念、影响正常的人际关系，造成干群关系紧张；另一方面会导致企业其他制度、措施无法落实，容易出现先进典型受排斥打击、落后员工不正视自身问题的连锁反应，对企业造成恶劣影响。因此，确定奖惩对象时，要做到公平公正，奖有原因，罚有根据。

2. 注重奖惩实施的及时性

如果企业不能审时度势地抓住这些正反两方面的典型，及时进行奖励或惩罚，就会削弱先进典型的影响性、鼓动性和号召性，遗忘反面事例的教育性和警示性。因此，企业应及时抓住宣传时机对先进典型进行表彰奖励，对落后员工进行批评惩罚，这既是对被表扬者的鼓励和肯定，又是对被批评者的教育和处罚，更能让广大员工学有榜样、赶有方向，在正风正气的反馈中得到熏陶，树立起企业新风。

3. 注重奖惩结果的有效性

所谓奖惩结果的有效性，主要指两点：其一，奖励的方式要多种多样，以能调动积极性为前提。既定不变或单一的奖励方式，员工往往熟视无睹、习以为常，难以产生震动效果，从而降低或失去奖励应有的作用。因此，实施奖励应从企业实际出发，根据员工的思想动态和心理状态变化，恰如其分地制订最佳奖励方式。其二，惩罚的程序要合情合理，以让员工提高觉悟为原则。对员工的惩罚一定要采取慎重的态度，特别要考虑违纪者的行为动机和造成后果的影响程度，在坚持原则的情况下灵活处置，既不能过头严惩，也不能从轻发落，要做到合理适中，轻重分明，以理服人。总之，不论哪个企业，在奖惩机制实施上都要客观公正，严格坚持原则，对事不对人，一视同仁，做到奖惩分明、及时、准确、客观、公正、合情、合理，工作到位，教育到家，这样才能达到应有的效果。

巩固训练

为使奖惩管理机制在企业中最大限度地发挥作用，企业在奖惩员工时要遵循哪些原则？

职业技能鉴定指导

一、知识技能复习要点

1. 奖励与惩罚的适用范围；
2. 奖励与惩罚的不同效果、方法、程序、原则。

二、模拟训练

（一）单项选择题

1. 下列不属于奖励的程序的是（　）

A．记录表现，对比表现　　B．调查核实，听取意见
C．填写表格，呈报审批　　D．通知本人，公布宣传

2. 根据员工对生活质量的需求设立的奖励项目是（　）

A．物质奖励　　B．带薪休假　　C．参与机会　　D．精神奖励

3. 被处罚的员工往往感到较大的心理压力，感到不自由，并感到自尊心受到伤害。这是哪种惩罚方法产生的效应（　）

A．批评　　B．处分　　C．岗位变迁　　D．加强监督

（二）多项选择题

1. 根据奖励对象不同，奖金可分为（　　）

A．个人奖　　B．小组奖　　C．部门奖　　D．超额奖

2. 常用的惩罚方法有（　　）

A．批评　　B．处分　　C．加强监督　　D．辞退

3. 奖惩要遵循的原则是（　　）

A．定期性　　B．公正性　　C．及时性　　D．有效性

（三）判断题

1. 奖励和处分都应按照企业制度进行，要适当，不能过度。（　）
2. 在现代企业管理中，奖励和惩罚都是激励员工的手段，但它们适用于不同的情境。（　）
3. 奖励会使员工感到振奋，增强自信心，提高工作的积极性。（　）
4. 物质奖励是一种非货币形式的奖励。（　）

5. 辞退这种惩罚方式几乎适用于所有惩罚对象。(　)

(四)技能实训题

企业在奖惩员工时往往会遇到这样一个难题：是以激励为主还是以惩罚为主？尤其是具体到某一件事情上，比如员工犯错误时，不惩罚不能起到警示他人的作用，也不能体现规章制度的严肃性。请结合奖励与惩罚的适用范围和效果谈谈你的认识。

项目评价

项目实施评价表

评价任务	评价关键点	配分	自评分	互评分	教师评分
办理员工任免	能理解员工晋升、降职是任免的结果	10			
	能掌握办理员工晋升的流程	10			
	能掌握办理员工降职的流程	10			
办理员工迁调	能辨析横向调动的不同方式	10			
	能掌握平级调动和岗位轮换管理	10			
	能设计填写《员工调岗申请单》、《内部调岗申请审批表》和《岗位轮换申请审批表》	10			
	能掌握员工调动档案管理	10			
办理员工奖惩	能理解员工奖惩的适用范围和不同效果	10			
	能掌握奖惩的方法、程序和原则	10			
	能拟制奖惩制度	10			
总　分		100			

项目三
员工社保离职管理

项目概述

办理员工社保与离职是人力资源管理工作中不可缺少的两项重要工作。社保管理是员工日常福利管理中非常重要的一部分，良好的社保管理可以使员工更安心地开展工作。员工离职是指员工和企业之间结束劳动关系，员工离开企业的行为。正常的员工离职能起到更新人才的作用，但过高的离职率也会影响企业的持续发展。

通过本项目的学习，你将习得员工社保和离职管理工作的技能。

学习目标

1. 能熟练办理员工社保；
2. 能熟练办理员工离职。

任务一 办理员工社保 Task 1

任务情境

瑞祥公司（组织机构代码为 12345678）的清洁工张雪和电工王超夫妻二人因家中父母年迈需要照顾，向公司提交了辞职报告，公司批准了。另外公司还招聘了一位新员工张兰。今天（12 月 9 日），公司总经理林立派张敏去社保局为新入职员工张兰办理新增社会保险，并为张雪、王超夫妇办理减少社会保险等相关业务。

三位员工的参保信息如下：

1. 张兰（女，身份证号：123456789100000001）参加了养老、失业、工伤、生育和医疗几个险种，月工资 2 300 元，增加保险日期为 2014 年 12 月 8 日，2014 年 12 月 9 日是填报和办理日期。

2. 张雪（女，身份证号：123456789100000002）、王超（男，身份证号：123456789100000003）辞职，调入河北省保定市天星公司（代码为 87654321）工作，需转保险，调动时保险费用已清算完毕，五险也因转往外地，于 12 月 5 日停止缴费，减少的险种是工伤险。电脑序号 23456721。

任务要求

1. 理解社会保险的含义、特征及险种。
2. 区别社会保险和商业保险。
3. 了解参保人员增加表和减少表的填写。

任务实施

根据任务情境，完成下列任务。

1. 查阅资料，理解社会保险的含义及特征。

社会保险的含义	
社会保险的特征	

2. 从案例中找出常见的社会保险险种，并讨论每个险种的保险目的。

社会保险险种	保险目的

3. 查阅资料，梳理社会保险与商业保险的区别。

项目	性质	目的	参保对象	资金来源	保险基础	保险待遇	承保范围
社会保险							
商业保险							

4. 请结合任务，模拟填写新入职员工张兰的《社会保险参保人员增加表》。

××市社会保险参保人员增加表

填报单位（公章）：

组织机构代码：

社会保险登记证编码：

序号	*姓名	*性别	*公民身份证号码	缴费人员类别	*参加险种					*个人缴费/支付（恢复）原因		申报月工资收入/档次（元）	*增加日期
					养老	失业	工伤	生育	医疗	四险	医疗		
										110	12		

单位负责人：　　　　社保经（代）办机构经办人（签章）：

单位经办人：　　　　社保经（代）办机构（盖章）：

填报日期：　年　月　日　　　　办理日期：　年　月　日

说明：

（1）带*号的项目为必填项，其他有前提条件的必填项请参考指标解释。

（2）四险按收缴业务、支付业务分别填报。

（3）请依照以下增加原因按规定填写（此处限于篇幅略去增加原因说明）。

注：

代码110表示“新参加工作”，代码12表示“新参缴”，即第一次参加该市社会保险的缴纳。

5. 因张雪和王超夫妇要回老家工作，公司参保人员减少了，请模拟填写《社会保险参保人员减少表》。

××市社会保险参保人员减少表

组织机构代码：　　　　　　　　　　　　　　　单位名称（章）：

序号	电脑序号	*公民身份证号码	姓名	*停止缴费（支付）险种					缴费（支付）截止日期		停止缴费（支付）原因		清算	支付金额	转入单位组织机构代码	转入单位名称	转入社保经（代）办机构名称
				养老	失业	工伤	生育	医疗	四险	医疗	四险	医疗					

单位负责人：　　　　　　　　　　　　　　社保经（代）办机构经办人（签章）：

单位经办人：　　　　　　　　　　　　　　联系电话：

填报日期：　　年　月　日　　　　　　　　办理日期：　　年　月　日

说明：

（1）调往外省市人员须提供以下资料：调入单位名称、调入省市社会保险管理机构名称、调入单位上级社保机构开户名称、开户银行、银行交换号、银行账号。

（2）缴费（支付）截止日期填写社会保险实际缴到（支付到）月份。

（3）缴费人员减少或支付人员减少分别填报。

（4）缴费人员减少上报日期为每月 25 日以前。

（5）此表一式两份，社保经（代）办机构经办人签字后，一份由社保经（代）办机构留存备案，一份返还单位。

基本医疗保险参保人员减少表

单位名称（公章）：

社会保险登记证编码：

序号	姓名	公民身份证号码	性别	个人停止缴费原因	个人停止缴费日期
				050	
				050	

单位经办人：　　　　　　　　　　　　　　社保经（代）办机构登记岗：

单位负责人：　　　　　　　　　　　　　　社保经（代）办机构（盖章）：

填表日期：　　年　月　日　　　　　　　　审核日期：　　年　月　日

说明：

（1）此表由缴费单位填报两份，经社保经（代）办机构审核后，缴费单位与社保经（代）办机构登记岗各留存一份。

（2）在“个人停止缴费原因”栏内，请按照以下分类表填写编码（此处限于篇幅略去分类表）。

注：

代码 050 表示“转往外埠”。

技能要点

1. 社会保险险种包括：养老保险、医疗保险、失业保险、生育保险、工伤保险。
2. 社会保险和商业保险的联系和区别。
3. 填写各类参保表。

相关知识

根据《中华人民共和国劳动法》，用人单位和劳动者必须依法参加社会保险，缴纳社会保险费。具体缴付比例、金额、标准和管理办法、办理程序参照国家与地方有关规定执行。

一、社会保险的含义及其特征

1. 社会保险的含义

社会保险是一种为丧失劳动能力，暂时失去劳动岗位或因健康原因造成损失的人口提供收入或补偿的社会和经济制度。它是现代社会保障的核心内容，是一国公民的基本保障。

2. 社会保险的特征

（1）强制性

社会保险是由国家通过立法形式强制实施的一种保障制度。所谓强制，是指凡法律规定范围内的成员都必须无条件地参加社会保险并按规定履行缴费义务。社会保险的缴费标准和待遇项目、保险金的给付标准等均由国家或地方的法律、法规统一确定，劳动者个人作为被保险人一方，对于是否参加社会保险、参加的社会保险险种和待遇标准均无权自由选择与更改。

（2）保障性

社会保险的保障性是指社会保险保障劳动者在失去劳动能力之后的基本生活，维护国家稳定。社会保险是国家按照一定时期生产力的发展水平，对生存困难的社会成员给予切实的物质保证，以保障其基本生活需要的一种制度。社会保险为社会成员提供一种“安全感”。

（3）互济性

社会保险的互济性是指按照社会共担风险的原则，社会保险费由国家、企业、个人三方负担。社会保险的互济性主要体现在劳动者之间、企业或行业之间、地区之间的互济上。

（4）普遍性

实现社会保障全覆盖是中央确定的社会保障发展方针的首要目标。社会保险在一国范围内实施，具有普遍性的特征，是所有社会劳动者的一项基本权利，对所有成员具有普遍保障的责任。

（5）福利性

所谓福利性，就是指社会保险事业不追求赚钱盈利，只追求给全体劳动者提供生活保障，改善待遇。社会保险的福利性体现在除了有现金给付外，还有医疗护理、伤残重建、职业康复、职业介绍及许多老年服务等活动。

二、常见的社会保险险种

我国社会保险的险种主要有养老保险、医疗保险、失业保险、生育保险、工伤保险等。

1. 养老保险

养老保险是为保障劳动者在年老丧失劳动能力，退出社会劳动领域后的基本生活需要而设立的险种。凡是达到法定退休年龄、就业年限或保险费缴纳年限的社会劳动者，都有权享受此项保险。它包括劳动者退休后的生活费用和必要的日常生活管理与服务。

2. 医疗保险

医疗保险是为社会保险成员提供医疗费用和医疗服务保障而设立的险种。医疗保险的法定成员，包括本人和被保险人的直系亲属，因病需要治疗时，可以从医疗保险获得免费或减费治疗、药品供应和护理服务。

3. 失业保险

失业保险是为保障失业人员失业期间的基本生活，促进其就业而设立的险种。失业保险是对劳动年龄人口中有劳动能力并有就业愿望的人，由于非本人原因暂时失去劳动机会，无法获得维护生活所必需的工资收入时，由国家或社会为其提供基本生活保障的保险险种。

4. 工伤保险

工伤保险是为了保障因工作遭受事故伤害或者患职业病的员工获得医疗救治和经济补偿，促进工伤预防和职业康复，分散用人单位的工伤风险的险种。

5. 生育保险

生育保险是为了维护企业女员工的合法权益，保障她们在生育期间得到必要的经济补偿和医疗保健，均衡企业间生育保险费用负担的险种。我国实行计划生育政策，凡是合法生育的女性劳动者在生育前后的一定时期内，都可以获得一定的生育保险金。

三、社会保险管理

社会保险管理可以分为行政管理和业务管理两大系统，业务管理系统的主要内容大致如下：

（1）社会保险的档案管理。它主要是指对被保险人资格条件的登记和审理，应如实记录变化情况。

（2）社会保险的财务管理。它是指通过系统的科学方法，对社会保险基金的收支及其他业务活动进行连续、完整和分类的核算与监督，以提高社会保险基金的管理水平，发挥社会保险的社会保障作用。

（3）社会保险待遇给付的申请、资格鉴定和审批制度。被保险人发生劳动事故后，保险金给付前，必须按规定提出正式申请，经指定的权威机构对事故性质进行鉴定，确认具有相应的资格条件。这一申请由社会保险主管机关批准。

（4）社会保险管理中的群众工作。包括强化对员工的社会保险知识教育，做好群众性的病伤预防工作，开展群众性的病伤慰问和互助活动，加强社会保险服务设施的建设和管理。

四、社会保险与商业保险的联系与区别

1. 社会保险与商业保险的联系

（1）两者保障对象一致，都具有化解社会风险的功能，是互补关系。

（2）两者互助互济、分担风险，都具有保障人们生活安定、促进经济繁荣的作用，是互补关系。

2. 社会保险与商业保险的区别

社会保险与商业保险都是分配制度的一种补充形式，两者又存在一定的区别，具体如下：

（1）性质与目的不同。社会保险是不以盈利为目的的公益性、福利性保险，商业保险则是以盈利为目的的商业性保险。

（2）参保对象不同。社会保险的对象一般是全体公民；商业保险的对象是投保人，他人无权享受。

（3）资金来源不同。社会保险费用由政府、企业和个人三方负担；商业保险由投保单位或投保个人负担。

（4）保险基础不同。社会保险以法律为基础，由政府强制执行；商业保险则以合同约定为基础，政府主要起监督作用。

（5）保险待遇不同。社会保险的补差水平与个体的贡献无关，而与其困难程度及需要有关，无附加条件，提供的是基本保障；而在商业保险中，依合同约定，投保金额越高，所获补偿越高。

（6）承保范围不同。与社会保险不同，商业保险不仅对险种进行了详细的分类，而且对投保人的年龄、健康状况、投保金额的大小有所限制。

巩固训练

1. 上网搜索并下载一份《社会保险个人信息登记表》，并模拟填写。

2. 社会保险有行政管理和业务管理两大系统，业务管理系统主要有哪些内容？

3. 登录中国人力资源开发网、经理人网等相关网站，查阅社会保险法规及社会保险主要险种的具体规定，依法分析和解决一些常见的社会保险纠纷案例。

职业技能鉴定指导

一、知识技能复习要点

1. 社会保险的含义与特征；
2. 社会保险的险种；
3. 社会保险和商业保险的联系与区别；
4. 社会保险业务管理的主要内容。

二、模拟训练

（一）单项选择题

1. 为保障失业人员失业期间的基本生活，促进其就业的社保险种是（　）

A．养老保险　B．医疗保险　C．失业保险　D．生育保险

2. 为社会保险成员提供医疗费用和医疗服务保障的社保险种是（　）

A．养老保险　B．工伤保险　C．医疗保险　D．生育保险

3. 社会保险能为社会成员提供一种“安全感”，体现了它的（　）

A．强制性　B．福利性　C．互济性　D．保障性

（二）多项选择题

1. 社会保险的险种包括（　　）

A．养老保险　B．医疗保险　C．失业保险　D．生育保险

2. 社会保险的特征是（　　）

A．强制性　B．保障性　C．互济性　D．普遍性

3. 下列属于商业保险的目的和性质的是（　　）

A．公益性　B．福利性　C．盈利性　D．商业性

（三）判断题

1. 国家设立社会保险基金是为了使劳动者在年老、患病、工伤、失业、生育等情况下获得帮助和补偿。（　）
2. 社会保险的对象是生活贫困的群体。（　）
3. 社会保险和商业保险的费用均由政府、企业和个人三方负担。（　）
4. 社会保险的对象一般是全体公民；商业保险的对象是投保人，他人无权享受。（　）
5. 社会保险与商业保险的保障对象一致，都具有化解社会风险的功能。（　）

（四）技能实训题

2011 年 12 月，19 岁的小李只身从河北农村来到北京，在亲戚的介绍下到一家印刷厂当了一名印刷工。2013 年 8 月，已经有了两年多工作经验的小李，在工作中不慎将左手卷进机器里，虽经医院紧急抢救，但仍没能保住左手。

在医院治疗期间，劳动部门对小李的工伤进行了认定。2014 年 1 月小李治疗结束后，被劳动鉴定部门鉴定为工伤四级。身为农民的小李，失去了劳动能力，今后生活非常困难。在家人的陪同下，他按国家规定向厂里提出支付他一次性伤残补助金、异地安家费，并按社会平均寿命 70 岁计算，一次性支付他抚恤金 58 万元的要求。

1. 小李的要求是否有法律依据？

2. 根据法律规定，小李可以享受哪种社保险种？这种险种的用途是什么？

任务二 办理员工离职

Task 2

任务情境

昨天，瑞祥公司的人事部收到了总经理秘书张晓梦提出的辞职申请，因合同到期，她将于一个月后离职。人事部经理王烨立即让秘书张敏约张晓梦进行面谈，了解到张晓梦离职的原因是薪酬太低，工作量太大，工作太累了。张敏试图挽留她，并承诺会把她的意见反馈上去，适当减少其工作量，并根据业绩情况，申请适当提高其工资福利待遇。但张晓梦去意已决，仍然决定辞职。于是，2014 年 11 月 28 日，秘书张敏按照公司有关规定，要求其做好离职事项交接，并核实了她本月的出勤天数共 28 天，工资总额共 2 800 元，应扣工资 200 元，实发工资 2 600 元。最终，公司正式与张晓梦解除了劳动合同（编号 10086），张敏为张晓梦出具了解除劳动合同证明书，并为其办理了离职手续。张晓梦的工号是 15 号，入职时间是 2010 年 9 月 1 日。

任务要求

1. 列出办理员工离职手续的基本程序，并做出充分的说明。
2. 制作办理员工离职手续过程中产生的各种表单及书面材料。
3. 模拟办理员工离职手续。

任务实施

根据任务情境，完成下列任务。

1. 结合预习，讨论：员工离职的类型有哪些？张晓梦的离职属于哪一类？请分析其离职原因。

（1）员工离职的类型：

（2）张晓梦离职的类型：

（3）张晓梦离职的原因：

2. 制作一份《辞职申请书》，帮张晓梦填写这份《辞职申请书》，并递交主管部门。

辞职申请书

姓名：＿＿＿＿　员工编号：＿＿＿＿　申请时间：＿＿＿＿

部门：＿＿＿＿　岗位：＿＿＿＿　入职时间：＿＿＿＿

辞职类型：□试用期内辞职　□合同期内辞职　□合同期满辞职　□其他

辞职原因：＿＿＿＿

部门负责人意见：＿＿＿＿

签名：＿＿　日期：＿＿

人事部意见：＿＿＿＿

签名：＿＿　日期：＿＿

总经理意见：＿＿＿＿

签名：＿＿　日期：＿＿

3. 协助张敏做好员工离职面谈记录。

员工离职面谈记录

员工编号：＿＿＿＿　姓名：＿＿＿＿　部门：＿＿＿＿

岗位：＿＿＿＿　离职面谈人：＿＿＿＿　面谈时间：＿＿＿＿

员工离职原因：＿＿＿＿

分析和总结：＿＿＿＿

签字：＿＿　日期：＿＿

4. 讨论：员工在离职时要与各部门交接哪些材料？请列在下表中。

离职交接单

交接部门	交接事项
所在部门	
人事部	
财务部	

5. 张敏核实《离职交接单》中各项事宜均交接完毕，便对张晓梦的工资进行了核算。

工资结算			
结算期限		总出勤天数	
工资总额		应扣工资	
实发工资		实发工资（大写）	

6. 根据以上几项任务的讨论结果，拟制一份《员工离职交接记录单》。

7. 分组讨论协商，拟写《解除劳动合同协议书》、《解除劳动合同证明书》，然后选派若干小组在全班汇报。

8. 总结以上步骤，梳理办理员工离职手续的基本程序，对各步骤工作做一定的说明。

9. 分角色扮演人事部经理助理和离职员工，模拟办理员工离职手续。

技能要点

员工离职流程为：离职申请—离职面谈—离职确认—离职交接—薪资结算—离职证明—关系转移—资料存档。

相关知识

员工离职是指员工和企业之间结束劳动关系，员工离开公司的行为。员工离职是员工流动的一种重要方式，员工流动对企业人力资源的合理配置具有重要作用。正常的员工离职能起到更新人才的作用，但过高的离职率也会影响企业的持续发展。

一、员工离职的类型

1. 试用期内离职

（1）主管级及以下员工离职，应提前 3 日通知公司，并填写《人事变动通知单》，经部门负责人、人事部负责人、主管总监确认后方可离职结算工资。经理级及以上员工离职，经部门负责人、人事部负责人、主管总监审核，副总裁签批后方能生效。

（2）员工试用期内或试用期满时，经考核不符合岗位要求，须解除劳动合同的，当日即可办理离职手续。

2. 合同期内离职

（1）辞职。因个人原因辞去工作，员工本人必须提前一个月填写《人事变动通知单》，向部门负责人、人事部提出申请。主管级及以下员工申请离职，经部门负责人、人事部负责人、主管总监审核，总裁签批后方能生效。

（2）辞退。辞退普通员工由部门负责人提前一个月以书面形式通知员工，经部门负责人、人事部负责人、主管总监签批后即可生效；辞退经理级及以上员工则由主管总监提出，经副总裁签批后生效。

（3）开除。员工因触犯国家法律法规或因个人因素给公司或他人造成特别重大且无法逆转的损失，公司可予以开除处理。对于涉及或触犯国家法律法规的员工，部门应及时告知公司领导，并将涉嫌员工移交国家司法部门处理。开除普通员工由部门负责人提前一个月以书面形式通知员工，经部门负责人、人事部负责人、主管总监签批后即可生效；开除经理级及以上员工则由主管总监提出，经副总裁签批后生效。

（4）自动离职。员工无正当理由连续旷工 15 天，公司可予以除名处理。各部门负责人在员工自动离职的当日应及时填写《人事变动通知单》，并提交人事部。

3. 合同期满离职

员工合同期满而不再与公司续签合同的，由员工在合同期满前一个月以书面形式通知部门负责人，经部门负责人、人事部负责人、主管总监签批后生效。

员工合同期满时公司如不想与员工续签合同，由人事部在员工合同期满前一个月以书面形式通知员工本人，经部门负责人、人事部负责人、主管总监签批后生效。

二、员工离职流程

1. 离职申请

离职员工填写《员工离职申请表》，上报相关部门，相关部门再提交人事部。根据《中华人民共和国劳动合同法》第 37 条规定，劳动者提前 30 日以书面形式通知用人单位，可以解除劳动合同；劳动者在试用期内提前 3 日通知用人单位，可以解除劳动合同。

2. 离职面谈

人事部与员工进行离职调查与面谈，并将离职原因及离职员工对公司的良好建议记录在《员工离职面谈记录》上，作为对公司管理的促进。对表现优秀的员工，人事部应设法挽留。

3. 离职确认

经过离职面谈后，挽留成功的员工直接回到原岗位工作，未挽留成功的员工应按照公司的有关程序对其提交的书面辞职申请进行审批。员工的书面辞职申请通过审批后，人事部向其下发员工离职通知，并通知其办理离职交接手续，签署《解除劳动合同协议书》，该协议书应一式两份，员工签字、公司盖章后生效，双方各执一份。

4. 离职交接

在员工正式离职前，秘书应向其下发《员工离职交接记录单》或《员工离职移交清单》，请员工按照交接记录单或清单到各相关部门逐项办理公司物资的移交和归还手续并签字确认。

（1）离职员工所在部门负责人专门委派部门内部人员与其进行工作文件交接、任务进度交接等工作。

（2）人事部负责人与离职员工进行办公用品与设备的交接，如交回名片、各类证件、电脑设备、宿舍用品和办公钥匙等。

（3）离职员工与财务部进行财务交接，如结算借支款项等。

（4）交接过程中发现的问题，相关负责人必须及时处理。

5. 薪资结算

人事部根据签完字的《员工离职交接记录单》或《员工离职移交清单》为离职员工结算工资，出具工资结算单，经领导签批后，由财务部发放工资。被辞退的员工，工资结算至公司规定的员工离职之日；自行辞职的员工，工资结算至其停止工作之日。员工领取离职工资的时间，由财务部提前一天通知。

6. 离职证明

人事部负责为离职员工开具离职证明，秘书应在与员工解除劳动合同后出具书面的《解除劳动合同证明书》，一式三份，并加盖公章，证明书由用人单位和劳动者各执一份，另一份存入员工档案。

7. 关系转移

用人单位在与离职员工解除或终止劳动合同后 15 日内为离职员工办理社会保险、住房公积金及档案等的转移手续。

（1）转出社会保险

秘书可到当地社保部门、社保经（代）办机构的办公地或网络平台办理社会保险的转移手续。用人单位应填写由社保部门统一印制的《××市社会保险参保人员减少表》。社保经（代）办机构根据减少原因出具《××市社会保险关系转移证明》等，并负责办理参保人员的减少手续。

（2）转出住房公积金

秘书可到当地住房公积金管理中心的办公地或网络平台办理住房公积金的转出手续，应根据员工住房公积金分账户的账面余额填写《住房公积金转移通知书》，附上调入单位出具的住房公积金开户证明，一并送交相关部门办理转移手续。

（3）转出档案

转出档案有以下两种情况：

① 非失业人员的档案转出：具有人事档案管理资质的用人单位应凭调入单位的介绍信和调档函将离职员工的人事档案转交给经办人。不具备人事档案管理资质的用人单位在转出档案时，应出具同意档案调出的证明，在档案转出登记表上对调出人员的工作情况进行鉴定并签章，存档费用结清后，其档案代管机构会代其办理离职员工的人事档案转出手续。

② 失业人员的档案转出：用人单位应自与员工终止、解除劳动合同之日起 15 日内，将失业人员名单报其户口所在地的县（市、区）失业保险经（代）办机构备案，并持《社会

保险登记证》和失业人员的人事档案，到其户口所在地的县（市、区）失业保险经（代）办机构办理档案移交手续。

8. 资料存档

将离职员工离职期间产生的资料存档。

三、离职注意事项

（1）离职员工须在离职生效日前将本职工作移交，并在最后工作日的次日到人事部办理离职手续。

（2）员工从被批准离职到正式离职的一段时间称为离职通知期，在离职通知期内员工应遵守公司的各项规章制度正常上班，严禁出现消极怠工现象，否则按公司奖罚规定予以惩处；员工所在部门也不得对离职员工有歧视言行，若出现此现象人事部均须及时进行调查与处理。

四、员工离职相关表单及证明示例

表4–8　员工离职交接记录单

<table>
<tr><td>姓名</td><td></td><td>员工编号</td><td></td><td>入职时间</td><td></td></tr>
<tr><td>部门</td><td></td><td>职务/工种</td><td></td><td>离职时间</td><td></td></tr>
<tr><td>离职原因</td><td colspan="5">□辞职　□离职　□辞退　□解聘　□开除　□其他</td></tr>
<tr><td colspan="6">工作交接</td></tr>
<tr><td colspan="2">交接部门与事项</td><td colspan="2">交接人签字</td><td colspan="2">备注</td></tr>
<tr><td rowspan="4">所在部门</td><td>工作职责交接</td><td colspan="2"></td><td colspan="2"></td></tr>
<tr><td>工作资料交接</td><td colspan="2"></td><td colspan="2"></td></tr>
<tr><td>工作进度交接</td><td colspan="2"></td><td colspan="2"></td></tr>
<tr><td>……</td><td colspan="2"></td><td colspan="2"></td></tr>
<tr><td rowspan="4">行政部</td><td>固定资产交接</td><td colspan="2"></td><td colspan="2"></td></tr>
<tr><td>办公室钥匙交接</td><td colspan="2"></td><td colspan="2"></td></tr>
<tr><td>劳保用品交接</td><td colspan="2"></td><td colspan="2"></td></tr>
<tr><td>……</td><td colspan="2"></td><td colspan="2"></td></tr>
<tr><td rowspan="3">财务部</td><td>备用金交接</td><td colspan="2"></td><td colspan="2"></td></tr>
<tr><td>发票交接</td><td colspan="2"></td><td colspan="2"></td></tr>
<tr><td>……</td><td colspan="2"></td><td colspan="2"></td></tr>
<tr><td rowspan="3">人事部</td><td>员工手册交接</td><td colspan="2"></td><td colspan="2"></td></tr>
<tr><td>最后月份考勤核对</td><td colspan="2"></td><td colspan="2"></td></tr>
<tr><td>……</td><td colspan="2"></td><td colspan="2"></td></tr>
</table>

续表

工资结算					
结算期限			总出勤天数		
工资总额			应扣工资		
实发工资			实发工资（大写）		
部门负责人		财务部负责人		人事部负责人		离职员工	

表4–9　员工离职移交清单

姓名		所在部门		职位	
入职日期		最后工作日		离职日期	
请各部门按照下列项目在　　年　　月　　日前办理员工离职交接手续					
部门	交接事项	交接内容			部门意见
所在部门	日常工作				负责人签字：
	工作文件/资料				
	其他				
行政部	胸卡				负责人签字：
	门禁				
	公司图书				
	办公室钥匙				
	其他				
网络管理部	电脑主机				负责人签字：
	显示屏				
	各类软件				
	其他				
财务部	个人费用				负责人签字：
	个人借款				
	其他				
人事部	当月计薪天数				负责人签字：
	未休年假补偿				
	社保关系				
	个人档案				
	离职证明				
	其他				
员工确认	本人同意移交以上所有事项，按照公司规定办理离职手续，并确认从即日起与公司解除劳动关系。				员工签字：

解除劳动合同证明书

　　　　（用人单位）与　　　先生/女士（身份证号码为　　　　　　　　　　）签订的编号为　　　的劳动合同于　　年　　月　　日终止，双方已办妥一切与劳动关系有关的手续，其档案及社会保险关系于　　年　　月　　日转移。

特此证明。

单位（盖章）

年　　月　　日

巩固训练

上网查阅资料，替瑞祥公司拟制一项员工离职制度。

职业技能鉴定指导

一、知识技能复习要点

1. 员工离职的类型；
2. 员工离职的流程。

二、模拟训练

（一）单项选择题

1. 主管级及以下员工试用期内离职，应提前几天通知公司？（　）

A．2天　　B．3天　　C．4天　　D．5天

2. 员工无正当理由连续旷工（　）天，公司可予以除名处理。

A．10天　　B．15天　　C．20天　　D．30天

3.《解除劳动合同证明书》要（　）

A．一式一份　　B．一式二份　　C．一式三份　　D．一式四份

（二）多项选择题

1. 合同期内离职包括（　　）

A．辞职　　B．辞退　　C．开除　　D．自动离职

2. 下列属于员工离职流程的是（　　）

A．离职申请，离职面谈　　B．离职确认，离职交接

C．薪资结算，离职证明　　D．关系转移，资料存档

3. 离职时需转移的材料是（　　）

A．社会保险　　B．住房公积金　　C．档案　　D．辞职书

（三）判断题

1. 员工合同期满而不再与公司续签合同的，由员工在合同期满前2个月提出书面申请。（　）

2. 用人单位要在30日内为离职员工办理社会保险、住房公积金及档案等的转移手续。(　)

3. 员工离职流程的最后一个环节是用人单位要将离职员工离职期间产生的资料存档。(　)

4.《解除劳动合同证明书》应该一式四份，双方各执两份，签字、盖章后生效。(　)

5. 离职员工须在离职生效日前将本职工作移交，并在最后工作日的次日到人事部办理离职手续。(　)

(四)技能实训题

奇胜家电股份有限公司技术部的员工刘亮因继续深造向公司提出辞职。2014年5月10日，公司正式与刘亮解除劳动合同(编号10076)，人事部经理助理小张为刘亮出具了《解除劳动合同证明书》，请替小张拟写这份证明书。

项目评价

项目实施评价表

评价任务	评价关键点	配分	自评分	互评分	教师评分
办理员工社保	能理解社会保险的含义、特征及险种	10			
	能区别社会保险和商业保险	10			
	能为新员工办理增加社会保险	10			
	能为离职员工办理减少社会保险	10			
办理员工离职	能模拟办理员工离职手续	20			
	能出具《解除劳动合同协议书》	10			
	能出具《解除劳动合同证明书》	10			
	能制作办理员工离职手续过程中产生的各种表单	20			
总　分		100			

模块五 Module 5 安全健康管理

模块概述

随着社会经济的不断发展，健康问题已不仅仅指传统的职业伤害或疾病，安全问题也并非仅仅存在于企业生产过程中。安全健康问题涉及人类生产、生活等生存活动的各个领域。企业员工的职业安全健康管理对于企业的重要性在社会的不断发展过程中日益被人们认识和重视。

通过本模块的学习，你将学会辨析危害员工安全健康的因素，提高预防和处理安全事故、职业病害的技能。

项目一 安全事故管理

Project 1

项目概述

安全是一切工作的根本，没有一个安全的工作环境，任何工作都无法正常进行。因此，企业行政部门应采取必要措施，严格保障企业的生产安全。影响企业生产安全的因素很多，既有客观因素，也有主观因素。

本项目围绕预防安全事故和处理安全事故两个任务，引导你学会辨析危害企业生产安全的主客观因素，习得预防安全事故和处理安全事故的工作技能。

学习目标

1. 能了解常见的安全事故类型；
2. 能辨析危害企业安全的主客观因素；
3. 能预防安全事故；
4. 能处理安全事故。

任务一 预防安全事故 Task 1

任务情境

瑞祥公司下辖的分公司因业务拓展、人员扩充，将简易仓库改成材料库、成品库和宿舍，三位一体，彼此相连。1 200 平方米的宿舍里住 600 人，拥挤不堪，过道需要侧身才能通过。2014 年 1 月 1 日晚上 11 点多，在外聚餐后回到宿舍的刘立，发现宿舍停电了，他点燃床头的蜡烛照明，上床睡觉时，忘记吹灭蜡烛便迷迷糊糊地睡着了。凌晨 1 点多，蜡烛的火苗点燃了他床铺四周的纸壳和塑料布，进而烧着了棉被。由于床铺密度大，火势迅速蔓延，狭窄的过道使许多人无法逃离，最终导致 24 人死亡、35 人重伤、80 人轻伤的特大火灾事故。

任务要求

1. 请分析该事故的原因以及应采取的预防措施。
2. 请思考这样的事故对安全管理的启示。

任务实施

根据任务情境，完成下列任务。

1. 常见的安全事故类型有哪些？案例中的事故属于哪一种类型？

常见的安全事故类型	案例中的事故类型

2. 讨论分析该事故产生的原因。

3. 针对该事故应采取哪些预防措施？

4. 这样的事故对安全管理有什么启示？

技能要点

预防安全事故的主要对策：安全教育对策，工程技术对策，安全管理对策。

相关知识

一、常见的安全事故类型

常见的安全事故类型包括生产安全事故、治安事故、消防事故和信息安全事故等。

二、产生安全事故的主要原因

造成安全事故的原因可从人、物、环境和管理四个方面去分析：

1. 人的不安全行为

人的不安全行为因素主要表现为以下几个方面：

（1）违反企业规定的劳动纪律。

（2）违反安全操作规程，如不采取安全措施、不安全放置、接近危险场所等。

（3）违章指挥。不按安全规定乱指挥是指对生产的工艺技术、组织管理等的指挥和对事故抢救的指挥考虑不周全，处理措施不当，发出的指令不正确，未能避免事故发生或未能控制事故蔓延的行为。

人的不安全行为产生的主要原因有以下几类：

（1）失误型。一是因为技术不熟练、能力不够，造成判断失误；二是受情绪或环境的影响，精力不集中，由于疏忽和遗漏而造成失误；三是疲劳操作，判断能力下降使得动作的灵活性和准确性下降而造成失误。

（2）不知型。由于教育培训不到位或相关规章制度和操作规程不完善，实施违章行为的人员不知道其行为是有违规章的。这部分人主要是企业的新员工、青年职工、转岗人员、临时工等。

（3）不知所以型。实施违章行为的人员虽然知道有规章制度、操作规程，但不知道为什么要这样做，意识不到违章作业所带来的后果的严重性。这部分人能力不够、技术不熟练，他们主要是新员工或整体素质较差的员工。

（4）明知故犯型。这部分人存在侥幸心理，凭经验、高估自己能力、冒险蛮干、麻痹大意，当遇到难事、麻烦事，赶时间、赶任务或单独作业时实施违章行为。

2. 物的不安全状态

（1）装置、工具、设备和厂房等在设计、防护、制造、安装和维护方面存在缺陷，不符合国家有关标准、规范和规程等。

（2）物料的理化特性易造成危险后果，如易燃、易爆、自燃，有毒性和腐蚀性、放射性等。

（3）噪声、粉尘与振动等超过安全标准。

3. 环境的不安全因素

（1）环境因素。如低温、高温、湿度大、采光不足、气压高等因素是引发职业病的主要原因。

（2）作业场所。如安全通道阻塞、安全间距不足，安全标示有误或无安全标示等。

4. 管理的缺陷

安全责任制不落实、安全制度不健全、管理不到位、监督不力等是造成安全事故的重要管理因素。管理的缺陷包括企业主要领导人对生产安全的责任心不强，作业标准不明确，缺乏检查保养制度，人事安排不完善，劳动组织不合理，对现场工作缺乏检查或指导错误，没有健全的操作规程，没有或不认真实施事故防范措施等。

二、预防安全事故的主要对策

想要避免发生安全事故，最好的办法是预防。预防安全事故的发生主要有以下三种对策。

1. 安全教育对策

这是从员工的角度预防安全事故的发生。一般可采用各种有效的安全教育措施，通过多种形式的安全教育，加强企业安全文化建设，全面提高企业员工的技术能力、安全意识和安全素质。

2. 工程技术对策

工程技术对策的核心在于利用技术来预防安全事故，可采用先进的、安全可靠性高的设施和安全检测等技术来提高生产过程的安全性。如：企业为了防盗，引进了先进的电子监控系统；企业采用先进的生产设备，大大降低了安全事故的发生率。

3. 安全管理对策

这项对策是指可采用各种有效的管理措施与方法，协调人、机和环境的关系，提高生产系统整体的可靠性和安全性。比如，采用安全责任制的办法，层层落实安全责任，落实安全检查和监督机制，切实提高企业的安全管理水平。

巩固训练

1. 从多角度分析，产生安全事故的原因主要有哪几个方面？
2. 预防安全事故的发生主要有哪几种对策？

职业技能鉴定指导

一、知识技能复习要点

1. 常见的安全事故类型；
2. 产生安全事故的主要原因；
3. 预防安全事故的主要对策。

二、模拟训练

（一）单项选择题

1. 不属于引发安全事故的主要原因的一项是（　）

A．人的不安全行为　B．物的不安全状态　C．环境的不安全因素　D．企业财力不足

2. 下列不属于违反安全操作规程的是（　）

A．不采取安全措施　B．不安全放置

C．接近危险场所　D．违反规定的劳动纪律

3. 下列属于作业场所不安全因素的是（　）

A．安全标示缺陷　B．装置设计缺陷　C．设备安装缺陷　D．高温高湿环境

（二）多项选择题

1. 常见的安全事故类型有（　　）

A．生产安全事故　B．治安事故　C．消防事故　D．信息安全事故

2. 人的不安全行为产生的主要原因是（　　）

A．不知型　B．不知所以型　C．明知故犯型　D．失误型

3. 造成安全事故的重要管理因素有（　　）

A．安全责任制不落实　B．安全制度不健全

C．管理不到位　D．监督不力

（三）判断题

1. 工程技术对策的核心在于利用技术来预防安全事故。（　）
2. 想要避免发生安全事故，最好的办法是加强管理。（　）
3. 安全管理对策是指采用各种有效的管理措施与方法，协调人、机和环境的关系，提高生产系统整体的可靠性和安全性。（　）
4. 易燃、易爆、自燃，有腐蚀性和毒性属于物料的理化特性。（　）

（四）技能实训题

背景说明：假设你是昌明公司的秘书李明，以下是行政经理需要你完成的任务。

便　条

李明：

明天要召开一次预防安全事故的会议。请你向全厂职工做一个报告，针对安全事故的常见类型，把产生安全事故的主要原因和预防安全事故的主要对策进行阐释。

行政经理　张叶

2014 年 9 月 5 日

任务二 处理安全事故

Task 2

任务情境

瑞祥公司杭州分公司因生产需要招聘工人，3月26日，刘杰应聘到该公司工作。该公司在没有对其进行岗前职业培训和安全生产教育的情况下，便让刘杰及10名新聘工人上岗，并给他们发放了上岗证，约定试用期为3个月，但未签订劳动合同。4月3日下午，因与刘杰同车间的机床操作工王明不在岗，其机床无人操作，刘杰为多学些技术，在未经任何人允许和指派的情况下，擅自操作王明的机床。操作时，因电表盒歪了，刘杰就用右手去扶，机床将其右手轧成粉碎性骨折，致右手3根指头截损。经鉴定，刘杰右手损伤构成6级伤残，劳动能力部分丧失。

任务要求

1. 判断该公司是否应对这起安全事故承担赔偿责任。
2. 掌握现代企业安全管理内容。
3. 掌握现代企业安全管理理念和安全管理措施。
4. 掌握安全事故的应急救援措施。

任务实施

1. 该公司是否应对这起安全事故承担赔偿责任？请讨论并说明理由。

2. 从安全管理的角度看，该公司在哪些方面没有做好工作？

3. 企业在运营过程中应具备哪些现代安全管理理念和安全管理措施？

安全管理理念	安全管理措施

4. 事故发生后，如何做好安全事故的应急救援工作？试结合应急救援的基本任务、

要求和企业应急预案的主要内容三个方面进行分析。

基本任务	要求	主要内容

技能要点

一、现代企业管理的措施

现代企业管理的措施包括：建立安全生产责任制、安全检查体系、安全培训体系、安全生产监督体系。

二、处理安全事故——应急救援

（1）应急救援的基本任务如下：

① 立即组织救援受害人员；

② 迅速控制事态，测定危害程度；

③ 消除危害后果，做好现场恢复；

④ 查清事故原因，评估危害程度。

（2）应急救援的要求是：迅速、准确、有效。

（3）企业应急预案的主要内容包括：基本情况、组织机构与职责、应急程序、预案的演练及其他。

相关知识

一、树立企业安全管理理念

安全管理对企业来说是非常重要的。做好企业的安全管理，要有现代化的安全管理理念。安全管理的核心是人本管理。安全管理要遵循预防、系统、强制、责任原则，注重安全文化建设。

二、现代企业安全管理措施

现代企业安全管理的核心是消除和控制人的不安全行为和物的不安全状态。在安全管理中，要坚持以人为本的思想，积极创造条件，提高员工的素质，激发人的安全行为，实施安全管理，实现企业安全、稳定、和谐发展。现代企业安全管理主要指建立如下制度和体系：

1. 安全生产责任制

《中华人民共和国安全生产法》第二章第十八条规定，生产经营单位的主要负责人对本单位的安全生产工作负有建立、健全本单位安全生产责任制的职责。

安全生产责任划分及承担的原则主要有以下三个：

（1）“一岗双责”制。管理生产必须管理安全。

（2）“四谁”原则。谁主管谁负责，谁审批谁负责，谁监管谁负责，谁在岗谁负责。

（3）分级负责，归口管理。生产经营单位的主要负责人是安全生产第一责任人，全面负责；分管安全负责人承担综合监督管理责任；分管专项工作负责人对所分管的专项工作安全承担直接领导责任。

2. 安全检查体系

对于企业来说，日常的安全检查是非常必要的，安全检查的目的是及时发现事故隐患，督促事故隐患的整改，从而有效预防安全事故的发生。

（1）安全检查的类型。安全检查的类型主要包括定期安全检查、经常性安全检查、季节性及节假日前安全检查、专项安全检查、综合性安全检查、不定期的职工代表巡视安全检查等。

（2）安全检查的内容。对被检查的对象来说，安全检查的内容主要是查思想、查管理、查制度、查现场、查隐患、查事故处理。在开展安全检查工作中，各企业可根据各自的情况和季节特点，做到每次检查的内容有所侧重，突出重点，以收到较好的效果。

（3）安全检查的程序。为了提高安全检查的效果，检查前应编制安全检查提纲或安全检查表，经主管领导审批后执行。对查出来的隐患要编制整改计划并监督实施。安全检查应逐步结合安全性评价进行。

3. 安全培训体系

（1）新员工。特别是工业企业，必须对新员工进行厂、车间和班组的三级安全生产教育。其他的企事业单位也必须对新员工进行严格的安全生产教育。

（2）重新上岗人员。对调整工作岗位或离岗一年以上的重新上岗人员，需进行相应的车间、班组级安全生产教育。

（3）特种作业人员。对电工、锅炉工、爆破人员等特种作业人员要做好相关的安全培训工作。

（4）外来人员。这类人员也要接受专业人员的带领和管理，作业时要穿戴好安全防护用品。

4. 安全生产监督体系

企业（责任主体）除建立落实安全责任体系和安全保障体系外，还要健全企业内部的安全生产监督体系，建立安全监察机构、配备安全监察员，车间要有专职安全员，班组要有兼职安全员，同时要发挥员工、工会在安全生产中的监督作用。

三、处理安全事故——应急救援

1. 应急救援的基本任务

（1）立即组织救援受害人员。一接到安全事故消息，要立即组织营救受害人员，组织其撤离并采取其他措施保护危害区域内的其他人员。

（2）迅速控制事态，测定危害程度。迅速控制事态发展，并对事故造成的危害进行检测与监测，测定事故的危害区域、性质及程度。

（3）消除危害后果，做好现场恢复。

（4）查清事故原因，评估危害程度。

2. 应急救援的要求

（1）迅速。要快速建立应急响应机制，能迅速准确地传递事故信息，能迅速地调集所需的大规模应急力量、设备和物资等，能迅速地建立起统一与协调系统，开展救援行动。

（2）准确。要求有相应的应急决策机制，能基于事故的规模、性质和特点等信息，正确地预测事故的发展趋势，准确地对应急救援行动进行决策。

（3）有效。要确保救援行动有效，主要措施包括应急队伍的建设、应急设备和物资的配备与维护，应急预案的制订与落实及有效的外部增援机制的配合等。

3. 企业应急预案的主要内容

（1）基本情况。指企业的性质、危险源分布及事故危险性、救援力量情况等。

（2）组织机构与职责。组织机构指应急预案的实施机构，应急预案应明确的职责主要包括指挥、通信与联络、抢险与疏散、安全防护、医疗等职责。

（3）应急程序。指应急报警程序、事故抢救与疏散程序和措施、急救医疗措施等。

（4）预案的演练。指专项演练与综合演练等。

（5）其他，指有关制度、图表和说明书等。

巩固训练

瑞丰啤酒厂灌装车间配备了传送带、洗瓶机、烘干机、装箱机、封箱机等设备。上个月维修工李丰对洗瓶机进行维修时，将洗瓶机长轴上的一颗内六角螺栓丢失，为了省事，李丰用8号铅丝插入孔中，缠绕固定。几天后，新到岗的洗瓶机操作女工蔡敏在没有接受岗前安全培训的情况下就开始操作该机器。她没有扣好工作服纽扣，致使工作服内的棉衣角翘出后被随长轴旋转的8号铅丝卷绕在长轴上。情急之下她用双手推长轴，致使自己整个人都随着旋转的长轴而倒立。由于蔡敏未按规定佩戴工作帽，所以倒立时头发自然下垂，被旋转的长轴紧紧缠绕，导致其头部严重受伤而当场死亡。事故处理结束后，该厂领导决定建立职业健康安全管理体系，引入现代化的安全管理理念和科学的管理方法，提升企业的整体安全管理水平。请你谈谈该企业可以从哪些方面着手建立安全管理体系，引入哪些现代化的安全管理理念。

职业技能鉴定指导

一、知识技能复习要点

1. 企业安全管理理念；
2. 现代企业安全管理的措施；
3. 应急救援的基本任务、要求及企业应急预案的主要内容。

二、模拟训练

（一）单项选择题

1. 企业安全管理的核心是（ ）

A．人本管理　　B．预防原则　　C．系统原则　　D．强制原则

2. 生产经营单位的主要负责人是本单位安全生产工作的（ ）

A．第一责任人　　B．监管责任人

C．直接领导责任人　　D．综合监督管理责任人

3. 为了提高安全检查的效果，检查前应编制安全检查提纲或安全检查表，经谁审批后执行？（ ）

A．行政经理　　B．业务经理　　C．主管领导　　D．单位第一责任人

（二）多项选择题

1. 应急救援的要求是（ ）

A．迅速　　B．准确　　C．有效　　D．安全

2. 下列属于企业应急预案的主要内容的有（ ）

A．基本情况　　B．组织机构与职责

C．应急程序　　D．预案的演练

3. 现代企业管理的措施主要指建立（ ）

A．安全生产责任制　B．安全检查体系　C．安全培训体系　D．安全生产监督体系

（三）判断题

1. “四谁”原则是指谁主管谁负责，谁审批谁负责，谁监管谁负责，谁在岗谁负责。（ ）
2. 工业企业必须对新员工进行车间和班组的二级安全生产教育。（ ）
3. 对调整工作岗位或离岗两年以上的重新上岗人员应进行相应的车间、班组级安全教育。（ ）
4. 对被检查的对象来说，安全检查的内容只包括查思想、查管理和查制度。（ ）
5. 做好企业的安全管理，要有现代化的安全管理理念。（ ）

三、实训题

背景说明：假设你是大宇公司的秘书张明，以下是行政经理需要你完成的任务。

便　条

张明：

下午要召开安全事故应急救援会议，请你把应急救援的基本任务梳理一遍，以便条的形式发送给我。

行政经理　李丽

2014 年 10 月 3 日

项目评价

项目实施评价表

评价任务	评价关键点	配分	自评分	互评分	教师评分
预防安全事故	能辨析常见的安全事故类型	10			
	能理解产生安全事故的主要原因	20			
	能掌握预防安全事故的主要对策	20			
处理安全事故	能理解企业安全管理理念	10			
	能掌握现代企业安全管理措施	20			
	能运用应急救援措施处理安全事故	20			
总　分		100			

项目二
职业健康管理

项目概述

改革开放以来，我国的经济保持着世人瞩目的高速发展，但职业病患者也逐步增多，这体现了我国职业安全健康工作滞后于经济建设步伐的现状。健康是员工“革命”的本钱，没有一个健康的身体，工作成效会大打折扣。因此，企业行政部门应以人为本，采取有力的措施，保障企业员工的职业健康。

本项目围绕危害企业员工职业健康的相关内容展开分析，通过预防职业危害和处理职业危害两个任务引导你辨析危害员工职业健康的因素，习得预防和处理职业健康危害的工作技能。

学习目标

1. 能了解常见的职业健康危害类型；
2. 能辨析职业健康危害因素；
3. 能预防并处理职业病危害。

任务一 预防职业危害 Task 1

训练目标

安腾公司是瑞祥公司的业务合作伙伴，主要生产电子配件产品。在公司建立初期，生产电子配件的厂房噪音超过40分贝，该公司经常不能及时给员工发放护耳器等安全用品，导致一些员工出现了耳鸣的现象；还有一些员工长时间在高温环境下作业，恶劣的工作环境导致一线员工频频生病。

任务要求

1. 分析案例中存在哪些职业危害因素。
2. 掌握预防职业危害因素的措施。
3. 理解预防职业病的“三级预防”原则。

任务实施

根据任务情境，完成下列任务。

1．讨论并分析案例中存在哪些职业危害因素？如何预防？

职业危害因素	预防措施

2．结合预习，说说如何预防常见的职业危害因素。

3．讨论：预防职业病要坚持哪些“三级预防”原则？

（1）一级预防：

（2）二级预防：

（3）三级预防：

技能要点

我国职业病的预防坚持“三级预防”原则：

（1）一级预防：消除、隔离、控制；

（2）二级预防：健康监护、加强监测、早期发现、早期诊断；

（3）三级预防：确诊者要坚持治疗、定期检查、享受职业病待遇。

相关知识

一、职业病的含义及特点

1. 职业病的含义

根据《中华人民共和国职业病防治法》，职业病是指企业、事业单位和个体经济组织等用人单位的劳动者在职业活动中，因接触粉尘、放射性物质和其他有毒、有害因素而引起的疾病。

2. 职业病的特点

① 病因明确。

② 病因大多可检测，达到一定强度（浓度或剂量）才致病。

③ 有一定的发病率。

④ 早期发现，及时合理处理，一般愈后良好；发现越晚，疗效越差。

⑤ 大多数职业病，缺乏特效治疗。

二、常见职业病的类型

目前我国公布的法定职业病有 10 大类，共 132 种。常见的职业病如下：

（1）肺部病症：如尘肺、职业性哮喘等；

（2）金属中毒：如铅、砷、汞、锰、铬、镉中毒等；

（3）农药中毒：如有机磷中毒；

（4）有机溶剂和芳香胺：如苯、甲苯、二硫化碳、正已烷、三氯乙烯、苯的氨基和硝基化合物等；

（5）刺激性和窒息性气体：如一氧化碳、氯气、氨气、硫化氢等；

（6）职业性皮肤病：如接触性皮炎、电光性皮炎等；

（7）噪声性耳聋；

（8）振动病；

（9）电光性眼炎、激光杏眼损伤；

（10）职业性肿瘤：如肺癌、皮肤癌、膀胱癌、白血病等。

三、职业危害因素的来源及其预防

1. 生产性粉尘的危害及其预防

（1）生产过程中形成的粉尘对人体有多方面的不良影响。粉尘进入肺泡后，肺泡内的巨噬细胞视粉尘为异物将其吞噬，导致一系列复杂的肌体反应，促使肺组织纤维化，使受影响的肺泡逐渐失去换气功能而“死亡”。当有大量肺泡“死亡”时，最终导致尘肺病，人将感到胸闷、呼吸困难。如二氯化硅能引起严重的尘肺。

（2）工业防尘有两套方法，即以湿式作业为主的防尘措施办法和以干式作业为主采取的密闭、通风、除尘措施办法。另外还有一些辅助性防尘措施，如入风巷道、回风巷道设水幕，同时接触粉尘的工人必须配戴防尘口罩等。

2. 生产性毒物的危害及其预防

（1）生产性毒物主要通过呼吸，由呼吸道进入肺循环，经皮肤吸收进入体循环，经口腔进入血液循环。毒物进入血液循环后，会出现恶心、呕吐、出汗、腹痛、腹泻、头晕、流涎等症状，甚至出现呼吸困难、心动过缓、昏迷等严重症状。

（2）工业防毒主要通过工艺改革、密闭通风净化系统、局部排气罩达到降低毒物危害的目的。个人防毒措施主要有穿防护服，戴防护帽、防护眼镜、防护手套等，同时还可以配戴防毒面具、防护口罩等。

3. 物理性危害及其预防

（1）噪声和振动。长时间接触噪声导致听力阈值升高，造成不可逆的噪声性耳聋。长时间接触振动，造成振动病，严重危害人体健康。其预防措施是佩戴防护耳罩，改良设备等。

（2）各种射线。微波、红外线、紫外线、激光、电离辐射等，对人体也会造成一定的损害，导致辐射病、白血病，对员工健康造成严重影响。工业防辐射主要是控制辐射源。主要措施有时间防护、空间防护，用夹有细金属材丝和涂银的织品做屏蔽窗帘、帷幄、工作服和风帽等具备可塑性的屏蔽防护。个人防护用品主要有防护服、防护鞋、防护帽、防护眼镜、防护手套等。

4. 异常气象条件对职业健康的危害及其预防

（1）高温、高湿、高寒、高气压、高风速等都属于异常气象条件。高温、高湿条件会使人大量排汗，人体电解质失去平衡，体内聚集的热量无法及时排除，体温过高，对人体的呼吸、循环、消化、泌尿等系统造成不良影响。

（2）对于异常气象条件的防护主要是防暑降温。具体方法是隔热、通风，个人防护还可以穿防护服、戴防护手套等。

5. 脑力劳动的职业危害及预防

（1）随着信息技术的发展，智力密集的“办公室型”脑力劳动将取代传统的体力密集型劳动，充分运用信息技术来组织和控制生产过程。但高度机械化的生产和先进的流水作业，也带来了快节奏和单调的工作活动；技术素质要求的提高导致员工精神高度紧张、职业心理负荷大、脑力疲劳等问题。比如，办公室久坐，会引起腰骶部负担过重，臀部肌肉、神经受压迫可导致腰痛、肢体麻木、血压升高、便秘、痔疮等疾病；用脑过度、精神紧张、体力劳累还会导致人体机能减退，并发失眠症、焦虑症、神经衰弱等多种疾病。

（2）避免办公室职业病。首先，多做运动，但运动量不宜过大，散散步，举举手，做做伸展运动，就能收到很好的效果；其次，改善办公室工作环境，避免长时间固定体位所导致的不良影响；再次，显示器要比视线低一点，避免脖子上扬导致的颈部疼痛。

四、预防职业病的原则

我国职业病的预防坚持“三级预防”原则。

（1）一级预防：消除、隔离、控制。即采取有效的措施，从根本上消除或最大可能地减少与职业危害因素的接触及其对职业人群健康的影响，如改革工艺、改进生产过程、做好新项目的预评价等。

（2）二级预防：健康监护、加强监测、早期发现、早期诊断。如对工作场所进行定期职业危害评价、建立职业健康监护制度等。

（3）三级预防：做好职业病患者的治疗与康复工作，保障职业病患者的权益。确诊者享受职业病待遇，要坚持治疗、定期检查，控制疾病恶化，挽救残存功能。

巩固训练

1. 职业病的特点有哪些？请列举常见的职业病。
2. 试简述常见的职业危害因素的来源及其预防。

职业技能鉴定指导

一、知识技能复习要点

1. 职业病及其特点；
2. 常见职业病的类型；
3. 职业危害因素的来源及其预防；
4. 预防职业病的原则。

二、模拟训练

（一）单项选择题

1. 目前我国公布的法定职业病有（　）

A．7类　　B．8类　　C．9类　　D．10类

2. 对于异常气象条件的防护主要是（ ）

A. 防暑降温 B. 隔热 C. 通风 D. 个人防护

3. 办公室中显示器的安放位置（ ）

A. 要比视线高一点 B. 要比视线低一点

C. 要和视线同一水平 D. 视线感觉舒适即可

（二）多项选择题

1. 下列会导致中毒的金属有（ ）

A. 铁 B. 铅 C. 砷 D. 汞

2. 下列属于一级预防措施的是（ ）

A. 消除 B. 隔离 C. 控制 D. 监测

3. 职业危害因素的来源有（ ）

A. 生产性粉尘 B. 生产性毒物

C. 物理性危害 D. 异常气象条件

（三）判断题

1. 三级预防是指确诊者要坚持治疗、定期检查、享受职业病待遇。（ ）

2. 长时间接触噪声会导致听力阈值升高，造成不可逆的噪声性耳聋。（ ）

3. 短时间接触振动，也会造成振动病。（ ）

4. 工业防辐射主要是控制辐射源。（ ）

5. 一氧化碳和二氧化碳都是刺激性和窒息性气体。（ ）

（四）技能实训题

背景说明：假设你是宏远公司的秘书李丽，下面是行政经理需要你完成的几项工作任务。

便 条

李丽：

这几天我们公司在做预防职业病的相关工作。今天下班之前，请你把我国预防职业病要坚持的“三级预防”原则整理一下，以便条的形式发给我。

行政经理 张叶

2014 年 9 月 25 日

任务二 处理职业危害

Task 2

任务情境

林立是瑞祥公司的一名员工。在生产电子配件的过程中，公司未配发防护耳罩，林立长时间在高分贝的噪声环境下工作，因此患上了耳疾。有同事提醒他，这是职业病，他可以要求公司进行职业病诊断，并依法享受国家规定的职业病待遇。

任务要求

1. 掌握职业病诊断的程序。
2. 了解职业病患的处理与待遇。

任务实施

根据任务情境，完成下列任务。

1. 结合预习，谈谈什么是职业健康监护。

2. 申请职业病诊断需提供哪些资料？

3. 职业病诊断有哪些程序？

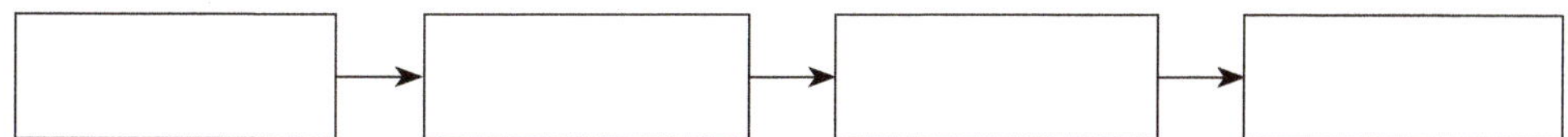

4. 患职业病的职工可依法享受国家规定的哪些待遇？

技能要点

1. 做好职业病诊断的要点是：申请职业病诊断需提供的资料、职业病诊断的程序。
2. 职业病患的处理与待遇的要点是：患职业病的职工可依法享受国家规定的职业病待遇。

相关知识

一、做好职业健康监护

职业健康监护是根据劳动者的职业接触史，通过系统的定期或不定期医学生理学检查和健康相关资料收集，连续性地监测劳动者的健康状况，分析劳动者健康变化与所接触的职业病危害因素的关系，评价职业病危害因素对劳动者健康的影响及其程度，掌握劳动者健康状况，及时发现劳动者健康损害征兆，以便采取相应的干预措施，防止职业病危害因素所致疾病的发生和进一步发展的过程。

二、做好职业病诊断

职业病的诊断必须由省人民政府或省级自治区、直辖市人民政府卫生行政部门批准的医疗卫生机构承担，并由三名以上取得职业病诊断资格的执业医师进行集体诊断。劳动者可以要求用人单位进行职业病诊断或直接到医疗卫生机构申请职业病诊断。

1. 申请职业病诊断需提供的资料

（1）劳动者职业史和职业病危害接触史（包括在岗时间、工种、岗位、接触的职业病危害因素等）；

（2）劳动者职业健康检查结果；

（3）工作场所职业病危害因素检测结果；

（4）职业性放射性疾病诊断还需要个人剂量监测档案等资料；

（5）与诊断有关的其他资料。

2. 职业病诊断的程序

（1）推定诊断。没有证据否定职业危害因素与病人临床表现之间的必然联系的，应当诊断为职业病。

（2）诊断举证。用人单位和有关机构应当按照诊断机构的要求，如实提供必要的资料。

（3）诊断复查。确诊为职业病的患者，用人单位应当按照职业病诊断书上注明的复查时间安排复查。

（4）出具《诊断证明书》。《诊断证明书》由参与诊断的医师共同签署，并由承担职业病诊断的医疗卫生机构审查盖章。

三、职业病患的处理与待遇

依据《中华人民共和国职业病防治法》第四章的规定，患职业病的职工可依法享受国家规定的职业病待遇。

（1）治疗、康复、定期检查。

（2）调离岗位，妥善安置。

（3）享受适当的岗位津贴。

（4）职业病患除了依法享有工伤保险外，还可依照民事法律，向用人单位提出赔偿要求。

巩固训练

李飞长期在粉尘工作环境中工作，最近总是感到胸闷、呼吸困难，他怀疑自己得了职业性肺病。他打算去做一次职业病诊断，确定自己是否得了职业病。请帮他理出职业病诊断的程序及需要携带的资料。

职业技能鉴定指导

一、知识技能复习要点

1. 做好职业健康监护；
2. 做好职业病诊断；
3. 职业病患的处理与待遇。

二、模拟训练

（一）单项选择题

1. 用人单位和有关机构按照诊断机构的要求，如实提供必要的资料的诊断程序是（　）

A. 推定诊断　　B. 诊断举证

C. 诊断复查　　D. 开具《诊断证明书》

2. 职业病的诊断必须由几名以上取得职业病诊断资格的执业医师进行集体诊断？（　）

A. 两名　　B. 三名　　C. 四名　　D. 五名

3. 患职业病的职工可依法享受国家规定的职业病待遇的最主要依据是（　　）

A. 《中华人民共和国职业病防治法》　　B. 《职工工伤与职业病致残程序鉴定标准》

C. 《中华人民共和国劳动法》　　D. 《中华人民共和国合同法》

（二）多项选择题

1. 职业病诊断的程序一般包括（　　）

A. 推定诊断　　B. 诊断举证　　C. 诊断复查　　D. 出具《诊断证明书》

2. 申请职业病诊断需提供的资料是（　　）

A. 劳动者职业史、职业病危害接触史

B. 个人剂量监测档案等资料（职业性放射性疾病诊断需要）

C. 劳动者职业健康检查结果

D. 工作场所职业病危害因素检测结果

（三）判断题

1. 患职业病的职工可依法享受国家规定的职业病待遇。（　）
2. 伤残或丧失劳动力的职业病患，只享受工伤保险。（　）
3. 确诊为职业病的患者，用人单位应当按照职业病诊断书上注明的复查时间安排复查。（　）
4. 职业病的诊断必须由市级人民政府卫生行政部门批准的医疗卫生机构承担。（　）
5. 用人单位和有关机构应当按照诊断机构的要求，如实提供必要的资料。（　）

（四）技能实训题

背景说明：假设你是宏远公司的秘书李丽，以下是行政经理需要你完成的任务。

便　条

李丽：

请你帮我查一下职业病患的处理方式与待遇，并以电话的方式告知我。

行政经理　张叶

2014 年 10 月 4 日

项目评价

项目实施评价表

评价任务	评价关键点	配分	自评分	互评分	教师评分
预防职业危害	了解职业病的类型及其特点	10			
	了解常见的职业危害因素的来源	20			
	学会预防常见的职业危害因素	20			
处理职业危害	做好职业健康监护	10			
	了解申请职业病诊断需提供的资料	10			
	掌握职业病诊断的程序	20			
	了解职业病患的处理与待遇	10			
总　分		100			

参　考　文　献

[1] 陈鹏．卓越行政主管手册（实战精华版）[M]．广州：广东经济出版社，2012，6.

[2] 蔡丽伟，林玲玲．人力资源管理实务（第2版）[M]．北京：清华大学出版社，2012，4.

[3] 程堃．行政管理规范化实务 [M]．北京：企业管理出版社，2013，1.

[4] 贾华．人力资源专员高效工作手册 [M]．北京：人民邮电出版社，2014，7.

[5] 江晓兴，戴一光．行政办公管理实用必备全书 [M]．石家庄：河北科学技术出版社，2014，4.

[6] 胡锐，奕德泉．现代公共关系实务 [M]．杭州：浙江大学出版社，2004，3.

[7] 陆国泰．人事学 [M]．北京：高等教育出版社，1991，4.

[8] 楼淑君．企业行政工作实训 [M]．北京：北京大学出版社，2013，9.

[9] 陆国泰．人事学 [M]．北京：高等教育出版社，1991，4.

[10] 刘珍．行政部：10大管理模板与工具 [M]．北京：化学工业出版社，2014，5.

[11] 李亚慧．最常见的100个人力资源管理问题 [M]．北京：人民邮电出版社，2013，10.

[12] 李辉．行政部门看图看板管理与问答（实战精华版）[M]．广州：广东经济出版社，2013，3.

[13] 吕嵘，候章良．人力资源最重要的100个管理法则 [M]．深圳：海天出版社，2006，1.

[14] 彭发祥，周连祥．行政管理学概论 [M]．呼和浩特：内蒙古人民出版社，1990，5.

[15] 苏革驹．顶级主管情景管理200例 [M]．广州：广东经济出版社，2013，9.

[16] 王玉霞．办公室事务管理 [M]．北京：清华大学出版社，2010，7.

[17] 王胜会．人力资源管理关键点精细化设计 [M]．北京：人民邮电出版社，2013，1.

[18] 肖旻．办公文员事务基础 [M]．北京：高等教育出版社，2011，9.

[19] 夏兆敢，杨喜梅，彭良平．人力资源管理教程 [M]．北京：北京大学出版社，2014，9.

[20] 赵中利，曹嘉晖．人力资源管理：理论·实务·工具 [M]．南京：南京大学出版社，2013，9.

[21] 赵淑芳．人力资源高效管理工具全案 [M]．北京：中国法制出版社，2013，10.

[22] 张秋埜．企业行政管理 [M]．北京：北京大学出版社，2013，9.

[23] 钟铮．办公室事务管理 [M]．北京：科学出版社，2010，11.

[24] 张丽荣．办公室实务 [M]．北京：机械工业出版社，2010，1

[25] 中国就业培训技术指导中心．企业人力资源管理师（常用法律手册）[M]．北京：中国劳动社会保障出版社，2014，3.

[26] 中国就业培训技术指导中心．秘书国家职业资格培训教程（四级秘书·国家职业资格四级）[M]．北京：中央广播电视大学出版社，2013，12.

[27] 中国就业培训技术指导中心．秘书国家职业资格培训教程（五级秘书·国家职业资格五级）[M]．北京：中央广播电视大学出版社，2013，12.

[28] 浙江省教育厅职成教教研室. 办公室事务管理 [M]. 北京：高等教育出版社，2014，3.

[29] [美] 雷蒙德·A·诺伊. 人力资源管理：赢得竞争优势 [M]. 刘昕，译. 北京：中国人民大学出版社，2005.

[30] 北京市人力资源和社会保障局官网. http://www.bjrbj.gov.cn/.

[31] HR369 人力资源网. http://www.hr369.com/.

[32] 中国人力资源开发网. http://www.hrdchina.org/.

[33] 中华人民共和国人力资源和社会保障部官网. http://www.mohrss.gov.cn/.

[34] 中国人力资源网. http://www.hr.com.cn/.

职业院校“双证书”课题实验教材
文秘专业

教育部中等职业学校专业教学标准

人力资源和社会保障部国家职业技能标准

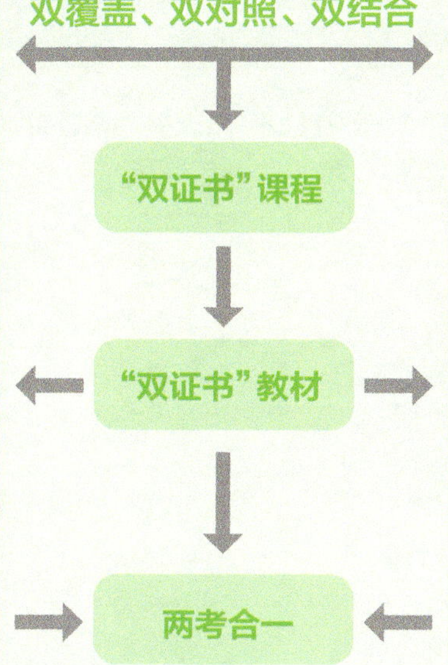

作为教学用书：

“双证书”教材的开发系以专业为单位，教材选题名称和内容均根据教育部颁布的专业教学标准所规定的课程确定。本次组织开发的“双证书”教材，均经教育部“全国职业教育教材审定委员会”审定，被确定为“十二五”职业教育国家规划教材。

作为职业技能鉴定考试用书：

教材内容覆盖了相应国家职业技能标准的要求：对于首选和次选职业资格证书，“双证书”教材内容覆盖了大部分四级和五级职业技能标准的要求；对于备选职业资格证书，“双证书”教材内容覆盖了全部五级职业技能标准的要求。经人力资源和社会保障部职业技能鉴定中心审定，确定为“职业院校‘双证书’课题实验教材”。

学校课程考试考核

职业技能鉴定考试

考务政策请与当地省级职业技能鉴定（指导）中心联系咨询

教材使用说明

教材识别

职业院校“双证书”课题实验教材，均由人力资源和社会保障部职业技能鉴定中心《职业院校“双证书”课题实验教材目录》给予公告，采用专用的标识，并在封底加贴唯一识别编码。需参加职业技能鉴定的学员，请在使用本系列教材前，登录“双证书教材服务平台（http://sz.nvq.net.cn）”，进行信息登记，以便记录学习过程信息和获取学习支持。

配套资源

- **学生资源：**教材另配数字学习资源，学生可在“双证书教材服务平台”上登录后，免费下载相关学习资源。
- **教师资源：**教材配有相应模拟试卷，任课教师经过授权并登录“双证书教材服务平台”，填写有关信息后，可免费下载。也可向试点地区的职业技能鉴定指导机构、有关出版单位索取。
- **题库建设：**各专业的“双证书”课程和综合实训课程的考试试题，可由试点地区职业技能鉴定中心根据本系列教材，组织职业院校教师、行业企业专家共同命题组卷。对于符合国家职业技能鉴定题库技术要求的试题，可推荐收录到国家题库中。

教材体系

文秘专业“双证书”教材体系由《文书拟写与处理》《会议组织与管理》《办公室事务管理》《企业行政管理》《沟通技能训练》《办公设备使用与维护》《办公软件应用》7本教材组成，另配有综合实训教材1本，这8本教材基本上覆盖了秘书国家职业技能标准的基本要求和五级、四级工作要求。

希望各地职业技能鉴定机构、职业院校和我们一同努力，积极探索符合职业院校特点、对接国家职业技能标准、课程考试与职业技能鉴定“两考合一”的职业院校学生评价体系和“教学训考”资源开发使用模式。

有关职业院校“双证书”课题实验教材的具体问题和反馈意见可咨询人力资源和社会保障部职业技能鉴定中心课题组。

联系方式：

人力资源和社会保障部职业技能鉴定中心 许　远 vocscum@qq.com, 010-84661204

外语教学与研究出版社职教分社 王志艳 3300217@qq.com, 010-88819479

外研社“十二五”职业教育国家规划教材（中职）

职业院校“双证书”课题实验教材

序号	书名	主编	书号（ISBN）	定价/元
1	机械制造技术	龚雯，戴文玉	978-7-5135-5809-9	35
2	车削加工技术与技能	田华	978-7-5135-5808-2	37
3	数控车削加工技术与技能	李东君，文娟萍	978-7-5135-5818-1	28
4	数控铣削加工技术与技能	李东君	978-7-5135-5817-4	31
5	汽车构造与拆装(上)	祁翠琴	978-7-5135-5813-6	32
6	汽车构造与拆装（下）	祁翠琴	978-7-5135-5807-5	29
7	汽车拆装实训	詹远武	978-7-5135-5810-5	33
8	汽车电控系统检修	闫炳强	978-7-5135-5815-0	32
9	汽车制造工艺	李东兵	978-7-5135-5812-9	29
10	典型机床电气故障诊断与维修	邱寿昆	978-7-5135-5800-6	28
11	电工技能实训	周皓，周军	978-7-5135-5801-3	24
12	机械拆装技能实训	韩树明，成建群	978-7-5135-5803-7	32
13	电器与PLC控制技术	周占怀	978-7-5135-5804-4	34
14	气动与液压传动	郑勇，王稳	978-7-5135-5764-1	35
15	钳工技能实训	郑爱权，倪红海	978-7-5135-5805-1	35
16	沟通技能训练	廉捷	978-7-5135-5784-9	29
17	办公设备使用与维护	姜绍辉	978-7-5135-5785-6	33
18	办公软件应用	李星华，孟德花	978-7-5135-5786-3	34
19	会议组织与管理	楼红霞	978-7-5135-5790-0	32
20	文书拟写与处理	张琼华	978-7-5135-5788-7	35
21	企业行政管理	林淑贞	978-7-5135-5789-4	32
22	PLC与变频器应用技术	岳丽英	978-7-5135-5802-0	32
23	焊接结构生产	王冠雄	978-7-5135-5806-8	34

非“双证书”教材

序号	书名	主编	书号	定价
1	电子商务物流	周云斌	978-7-5135-6052-8	25
2	电子商务基础	梁海波	978-7-5135-6053-5	34
3	网络营销实务	刘春青	978-7-5135-6054-2	35
4	商品拍摄与图片处理	丛日东	978-7-5135-6055-9	50
5	店铺运营	蓝魏，李平	978-7-5135-6056-6	35
6	网页设计	鱼东彪	978-7-5135-6057-3	26
7	电子商务客户服务	张元生	978-7-5135-6058-0	29
8	网站内容编辑	宋爱华	978-7-5135-6059-7	32
9	财务基础	李博	978-7-5135-6122-8	34
10	公关礼仪训练	佟景渝	978-7-5135-7016-9	31

说明：使用教材的读者可登录http://vep.fltrp.com自行下载教学资源，也可与编辑联系索取（王志艳，3300217@qq.com）。欢迎一线教师加入外研社作者队伍，共同开发优质教材及配套资源。